Politik im Taschenbuch, Band 13

Klaus Jentzsch

Rhetorik

Verlag J.H.W. Dietz Nachfolger

Herausgegeben von Frank D. Karl
Friedrich-Ebert-Stiftung, Bonn

Die Originalausgabe ist 1993 unter demselben Titel im Verlag HAAG + HERCHEN, Frankfurt am Main, erschienen.

ISBN 3-8012-0228-3

Redaktion dieser Ausgabe: Daniela Neuenfeld-Zvolsky
Umschlaggestaltung: Manfred Waller, Reinbek
Foto: Denitz/action press
Gesamtherstellung: Ebner, Ulm
Printed in Germany

Inhalt

Vorwort

Wer gut reden kann, wird gehört. Wer überzeugend reden kann, ist interessant für andere, erfährt Anerkennung und hat Erfolg, da es ihm gelingt, Menschen zu motivieren und zu überzeugen. Immer wieder kommen Sie in die Situation, vor einem kleinen oder größeren Kreis von Personen einen Vortrag halten zu müssen. Viele scheuen sich aber, öffentlich aufzutreten, weil sie meinen, dafür nicht geeignet zu sein.

Wie falsch dieses Vorurteil ist, wird Ihnen beim Lesen dieses Lehr- und Übungsbuches deutlich.

Sie lernen in diesem Buch wichtige Faktoren der freien Rede kennen und erfahren, wie Sie zunächst das lästige Lampenfieber in den Griff bekommen, wie ein Manuskript erstellt wird, was alles in eine gute Rede gehört und wie Sie das in diesem Buch enthaltene Wissen in die Praxis umsetzen können, damit auch Sie erfolgreich sind.

Ich bin sicher, daß dieses Buch auch denen hilfreich ist, welche noch besser auftreten und reden wollen.

Von einer guten Rede hängt oft sehr viel ab, sei es im Beruf, im privaten Bereich oder bei vielen anderen Gelegenheiten.

Ebenso erfahren Sie, wie das gesprochene Wort zur gefährlichen Waffe, nicht nur im Bereich der Politik, werden kann.

Für Führungskräfte wie auch für Anfänger ist dieses Lehr- und Übungsbuch eine reiche Fundgrube und zugleich ein praktischer Ratgeber.

I. Einleitung

1. Was ist Rhetorik?

Lernziele

Nach Durcharbeiten dieses Abschnitts sollten Sie wissen,

- was unter Rhetorik zu verstehen ist,
- in welcher Tradition die Rhetorik steht.

Das Wort Rhetorik stammt aus dem Griechischen und bedeutet »Redekunst«. Die ersten eigentlichen Rhetoren waren die Sophisten, besonders der noch zu erwähnende Gorgias aus Sizilien, der 427 v. Chr. nach Athen kam. Dort gelangte die Rhetorik infolge der außerordentlichen Bedeutung der Prozeßrede im Vollzug demokratischer Gerichtsbarkeit zur höchsten Vollendung. Genannt seien hier Namen wie Demosthenes und Isokrates. In Rom fand die Rhetorik der Griechen im 2. Jahrhundert v. Chr. Eingang, beginnend mit Cato d. Ält. und Gaius Gracchus und erreichte mit Cicero ihre Vollendung. Mit dem Kaisertum verlor die Rede als Waffe im politischen Kampf ihre bis dahin große Bedeutung. Die Kunst der Rede aber blieb weiterhin im Mittelpunkt sowohl der griechischen als auch der römischen Bildung der damaligen Zeit.

Rhetorik ist also eines der ältesten Bildungsfächer überhaupt. Nachdem ihre Bedeutung etwas zurückgegangen war, gelangte die Rhetorik im Mittelalter zu einer neuen Hochblüte. Erinnert sei hier nur an die Redekunst der Bettelmönche, an Savonarola und an Martin Luther.

In neuerer Zeit gewann die Kunst der Rede wieder eine gewisse Bedeutung im englischen Parlament des 18. Jahrhunderts sowie in der Zeit nach der Französischen Revolution. England, das Mutterland der modernen Demokratie, hat besondere Leistungen auf dem Gebiet der Rhetorik aufzuweisen, genannt seien hier nur Namen von Politikern wie Gladstone, Fox, Lloyd George, Churchill und Bevan. Dies wiederum ist der Beweis dafür, daß Rhetorik und Demokratie eng verbunden sind. Ich gehe sogar soweit zu behaupten, daß Demokratie ohne die Kunst der Rede nicht möglich ist, denn Reden bedeutet gleichzeitig Denken. Und die Rhetorik hat bis zum heutigen Tage in England eine weitaus größere Bedeutung als bei uns in Deutschland. Lord Acton, ein englischer Historiker, formulierte einmal treffend, manche Nationen erlägen dem Zauber der Rhetorik, die Deutschen jedoch »dem Charme einer guten Verwaltung«. Natürlich haben auch deutsche Politiker sich einen Namen als gute Redner gemacht. Genannt seien hier z. B. Eugen Richter, Bismarck, Adenauer, Schumacher, Erler und Strauß sowie Theodor Heuss, der erste Bundespräsident.

Allen guten Rednern, gleich, aus welchem Land sie kommen und in welcher Zeit sie lebten, ist eines eigen: Sie verstanden und verstehen, Redeinhalt und Redeform in Einklang zu bringen.

Die Form einer Rede allein macht einen schlechten Inhalt noch lange nicht wett. Aber ebenso ist ein guter Inhalt ohne große Bedeutung, wenn die Form einer Rede nicht mit dem Inhalt übereinstimmt. Zwei Beispiele seien hier erwähnt: Gut im Inhalt, aber schlecht in der Form sind die »Reden an die deutsche Nation« von Fichte. Jakob Grimm mußte diese inhaltlich guten Reden erst einmal in gutes Deutsch übertragen.

Die Sophisten im alten Hellas verstanden es, einen schlechten Inhalt in eine gute Form zu bringen. Sokrates suchte das vermeintlich sichere Wissen der Sophisten zu entlarven und mit einer nach ihm benannten Methode (die sokratische Methode) durch ironische Fragen die Hörenden zur Besinnung auf das eigentliche Sein zu führen und die Menschen zur Einsicht zu zwingen, daß das Eingeständnis des Nichtwissens eine Voraussetzung für die Suche nach wirklichem Wissen ist (»Ich weiß, daß ich nichts weiß«).

Wie bereits erwähnt, war der aus Sizilien stammende Gorgias der erste als Rhetor bekannte Redner der Antike. 427 v. Chr. kam er nach Athen, wurde dort ein bekannter und geschätzter Anwalt und erwarb dank seiner brillanten Rhetorik großes Ansehen. Damals erkannte man bereits die Wirkung des gesprochenen Wortes. Demosthenes und Aristoteles entwickelten das rhetorische Instrumentarium weiter, und die Römer frischten die griechische Methode, die in Athen bereits im Niedergang begriffen war, wieder auf und brachten sie zu einer neuen Blüte.

Der wohl erste rhetorische Werbespot der Geschichte ist der Ausspruch des älteren Cato: »Ceterum censeo« (»Übrigens bin ich der Meinung . . .«). Die hartnäckig wiederholte Forderung Catos in jeder Rede im römischen Senat lautete vollständig: »Ceterum censeo Carthaginem esse delendam« (»Übrigens bin ich der Meinung, daß Karthago zerstört werden müsse«) und hatte den Dritten Punischen Krieg zur Folge. Die stetige Wiederholung dieser Forderung brachte Erfolg, denn Karthago wurde bekanntlich geschleift.

Mit Eloquenz (Beredsamkeit) kamen schon immer Menschen zu Ansehen und Macht. Quintilian, der seit 68 n. Chr. in Rom als Redner wirkte und im Alter die zwölf Bücher seiner »Institutio oratoria« schrieb, sagte einmal: »Ich behaupte, daß eine mittelmäßige Rede unter der Gewalt eines vollendeten Vortrages mehr Eindruck macht als die vollendetste, bei der der Vortrag fehlt.« Wie recht Quintilian doch hatte, wenn wir heute an die Rede des ehemaligen Bundestagspräsidenten Phillip Jenninger denken, die er gehalten hatte und aufgrund des Vortrages, nicht des Inhalts wegen, sein Amt als Bundestagspräsident zur Verfügung stellen mußte. Für Quintilian war die formalrhetorische Ausbildung die Grundlage der Erziehung.

2. Rhetorik als Voraussetzung für den persönlichen Erfolg

Lernziele

Nach Durcharbeiten dieses Abschnitts sollten Sie wissen,

- in welcher Weise Rhetorik zum persönlichen Erfolg beitragen kann.

Wem es gelingt, durch Reden zu überzeugen, dem ist der Erfolg sicher. Nicht allein die Leistung zählt. Der Erfolgreiche kann und muß auch über das Geleistete reden können. Er muß sich gut »verkaufen«. – Wer überzeugend reden kann, dem schenkt man Gehör. Und wer gut redet, wird immer wieder und von allen um seine Meinung gefragt. Ihm schenkt man Vertrauen, und wer Vertrauen erhält, findet sowohl fachliche als auch persönliche Anerkennung. Industrie-Kapitäne und Manager halten heute mindestens ebenso viele Reden wie Politiker. Sie präsentieren sich und ihre Ideen vor einer großen Öffentlichkeit und beschränken sich nicht mehr, wie das noch in früheren Jahrzehnten war, nur auf die Arbeit an ihren Schreibtischen. Der Chef eines großen Automobilkonzerns in den USA, Lee Iacocca, führt seinen persönlichen Erfolg und den seines Konzerns vorwiegend auf seine Rede zurück und sagte einmal: »Ich kenne viele Leute, die klüger sind als ich und die viel

mehr über Autos wissen. Trotzdem bin ich an allen vorbeigezogen. Warum? . . . Man muß mit den Leuten reden können, ganz einfach.« »Nicht ›was‹ ich sage ist immer entscheidend, mindestens ebenso wichtig ist, ›wie‹ ich etwas ausdrücke.«
Voraussetzung also für den Erfolg als Redner ist, daß mein Publikum mich versteht und ich von diesem Publikum auch akzeptiert werde. Verstanden und akzeptiert zu werden hängt also mit meiner persönlichen Fähigkeit zusammen, auf andere Menschen zu »wirken«. Diese Fähigkeit, auf andere zu »wirken«, ist durchaus ausbaufähig. Verstanden zu werden bedeutet gleichzeitig, verhindern, nicht verstanden zu werden. Beispiele, etwas »falsch zu machen«, gibt es viele, auch wenn immer wieder eingewendet wird, daß das »Ankommen« bei den Zuhörern von der Wirkung, die man bei den Zuhörern hinterläßt, abhängt, aber es gibt keinen Redner, der bei allen ankommt. Das ist richtig und falsch zugleich. Richtig ist, daß es keinem Menschen gelingen kann, bei allen Zuhörern anzukommen. Es gibt aber gewisse Regeln, die von (fast) allen akzeptiert werden. Leichter zu sagen ist, was »man« falsch machen kann.

Dazu ein Beispiel:
In einer Wahlkampfdebatte des amerikanischen Fernsehens wirkte einst der Präsidentschaftskandidat der Republikaner, Richard Nixon, übernächtigt und schlecht rasiert (weil er mangelhaft geschminkt war). Er verpatzte das entscheidende Fernsehduell, und sein Konkurrent, der Demokrat John F. Kennedy, wurde Präsident der USA, obwohl er rhetorisch in keiner Weise besser war als Nixon. – Äußerlichkeiten spielen also für den rhetorischen Erfolg oder Mißerfolg eine nicht unwesentliche Rolle. Dennoch darf bei der Betrachtung von Äußerlichkeiten nicht verhehlt werden, daß die gute Rede auf der Prioritätenskala für den Erfolg an erster Stelle steht.

3. Wer sprechen kann, kann auch reden

Lernziele

Nach Durcharbeiten dieses Abschnitts sollten Sie erklären können,

— warum Reden erlernbar ist.

Immer wieder wird – meines Erachtens auch zu Recht – behauptet, Reden sei erlernbar. Die alten Römer meinten: »Zum Dichter wird man geboren, zum Redner gemacht.« Reden ist demzufolge erlernbar. Sprechen können wir alle, also können wir auch reden. Und täglich gebrauchen wir Worte, unterhalten uns mit Familienangehörigen, Freunden, Bekannten, Arbeitskollegen und Kommilitonen. Also können wir doch reden! Sie werden einwenden: »Eine Unterhaltung bereitet mir keinerlei Probleme, aber eine Rede halten? Lieber nicht oder nur dann, wenn es beim besten Willen nicht zu vermeiden ist, denn das Lampenfieber hindert mich daran, eine Rede zu halten.« Was gegen das Lampenfieber zu tun ist, werde ich in meinen weiteren Ausführungen ansprechen, jetzt aber will ich mich mit der Behauptung auseinandersetzen: »Reden ist erlernbar«. Meine Seminarteilnehmer bitte ich ständig, jede Gelegenheit zu nutzen, eine Rede zu halten oder sich einmal zu Wort zu melden. Zwar sollten wir uns immer über die Bedeutung der gesprochenen Worte im klaren sein, gleichzeitig aber auch die vielen Möglichkeiten nutzen, das Wort zu ergreifen (und nicht mehr zur schweigenden Mehrheit zu gehören).

Meine langjährige Praxis als Rhetorik-Trainer hat mir folgendes gezeigt: Wenn die Anfangs- und Startschwierigkeiten überwunden sind und die Qualität der gesprochenen Worte ständig zunimmt, wird die Rede wesentlich besser. Der folgende Vergleich soll deutlich machen, wie gut »Reden« erlernbar ist: Ein Klaviervirtuose hat seine Fähigkeit, dem Instrument wohlklingende Töne zu entlocken, auch nicht von heute auf morgen erlernt. Tägliches Üben bringt den Erfolg. Wenn es ihm allerdings gelingt, den richtigen Finger zur rechten Zeit auf die richtige Taste zu drücken, ist er ein guter Klavierspieler – ähnlich beim Redner. Wenn er das richtige Wort zur rechten Zeit an ein bestimmtes Publikum richtet, ist auch ihm Erfolg beschieden. Beide, der Klavierspieler und der Redner, müssen also üben, üben, üben. Der eine übt mit den Fingern, der andere mit dem Gehirn und der Zunge.

Oft hört man den Einwand: »Reden kann ich nicht, das liegt mir nicht, mit dieser Begabung bin ich nicht gesegnet.« Hier widerspreche ich. Wer sprechen kann, kann auch reden. Ersteres können wir alle, das Weitere ist erlernbar. Jedes gesprochene Wort, jede Frage, die ich einer/einem anderen stelle, ist nichts anderes als eine Rede in Miniaturform. Also muß es doch möglich sein, auch eine längere Rede zu halten! Aristoteles führte das rednerische Können auf eine angeborene Begabung zurück. Hier bin ich anderer Meinung: Nicht die angeborene Begabung macht aus dem Menschen einen guten Redner, sondern die Übung und die Unterweisung in der Kunst der Rhetorik. Wieviel Zeit, werden Sie jetzt fragen, benötige ich, um ein guter Redner zu werden? Die Antwort darauf gab Ernest Hemmingway: »Man braucht zwei Jahre, um sprechen zu lernen, und 50 Jahre, um schweigen zu können.« Da wir uns aber mit dem Sprechen (und nicht mit dem Schweigen) auseinandersetzen wollen, füge ich ein weiteres Wort, diesmal von Cato, hinzu, der meint: »Beherrsche die Sache, dann werden die Worte schon folgen.«

Wer ein guter Redner werden will, muß

1. üben, üben, üben und

2. die Materie voll beherrschen, über die er reden will.

Gesundes Selbstbewußtsein gehört ebenfalls dazu, ein guter Redner zu werden. Dieses Selbstbewußtsein darf auf keinen Fall übertrieben sein (wie man es leider manchmal erleben muß), aber erst recht nicht darf der Redner sein »Licht unter den Scheffel« stellen.

Kein Mensch kann alles wissen. Es wird immer Menschen geben, die noch mehr als Sie wissen, was Sie wiederum aber nicht daran hindern soll, Ihr Wissen »an den Mann (oder die Frau)« zu bringen. Dies aber bedeutet, auch einmal zugeben zu können, daß Sie etwas nicht wissen. Bereits Sokrates wußte um das Nicht-Wissen: »Es ist keine Schande, nichts zu wissen, wohl aber, nichts lernen zu wollen.«

II. Einführung in die Rhetorik

1. Was für Reden gibt es?

Lernziele

Nach Durcharbeiten dieses Abschnitts sollten Sie erklären können,

- welche Redearten zu unterscheiden sind,
- zu welchen Anlässen bestimmte Redeformen eingesetzt werden.

Man unterscheidet vier Arten der Rede. Wer eine Rede zu halten gedenkt, muß sich klar darüber werden, was für eine Rede es werden soll. Es gibt:

a) den Sachvortrag

b) den Meinungs- oder Überzeugungsvortrag

c) die Gelegenheitsrede

d) die Erzählung

Der **Sachvortrag** ist z.B. die Unterrichtsstunde in der Schule oder die Vorlesung an der Hochschule. Dabei geht es darum, Sachwissen zu vermitteln. Oft wird behauptet, der Sachvortrag sei trocken. Dem stimme ich nicht zu; für mich gibt es keinen trockenen Stoff, es gibt höchstens trockene Redner. Auch aus einer trockenen Materie kann ich einen lebendigen und abwechslungsreichen Vortrag machen.

Der **Meinungs- oder Überzeugungsvortrag** ist z.B. die politische Rede oder auch die Rede von der Kanzel in der Kirche, die Predigt. Mit dem Meinungs- und Überzeugungsvortrag will der Redner die Zuhörer von seiner Ansicht überzeugen. Die Meinungs- oder Überzeugungsrede wendet sich insbesondere an Gefühle und an den Willen der jeweiligen Zuhörer, während der Sachvortrag sich primär an den Verstand richtet (so meint zumindest der Zuhörer!).

Die **Gelegenheitsrede** ist die spontane Rede (Vorstellung bei einem Seminar, die Rede anläßlich eines Jubiläums).

Erzählung: Was die Oma dem Enkel am Abend erzählt (oder erzählen sollte) bzw. der Bericht über eine Reise oder ein Erlebnis, ist die typische Erzählung.

Natürlich gibt es auch Mischformen, in denen sich verschiedene Redeformen verbinden. Dies bedeutet: Der Redner muß sich vor Erarbeitung seiner Rede klar darüber werden, was er mit ihr bewirken will.

2. Wie bereite ich eine gute Rede vor?

Lernziele

Nach Durcharbeiten dieses Abschnitts sollten Sie wissen,

- in welchen Schritten eine Rede systematisch vorbereitet werden kann.

Wesentlich für den Erfolg Ihrer Rede ist eine intensive Vorbereitung. Dafür empfehle ich, sich zunächst folgende Fragen zu stellen:

a) Wer hat mich veranlaßt, die Rede zu halten, was erwartet er von meiner Rede?

b) Was veranlaßt mich, diese Rede auch zu halten?

c) Was will ich mit dieser Rede erreichen?

d) Welcher Redeform bediene ich mich?

e) Welche Erwartungen haben meine Zuhörer an meinen Vortrag?

f) Wieviel Zeit steht mir für meinen Vortrag zur Verfügung?

g) Über welches Wissen verfügen meine Zuhörer?

h) Steht mir genügend Zeit für eine Diskussion nach meinem Vortrag zur Verfügung?

i) Kommen meine Zuhörer freiwillig, oder sind sie »gezwungen« worden zu kommen? (D. h., ist es ein offen ausgeschriebener Vortrag oder handelt es sich um eine Unterrichtsstunde in einer Schule etc. Die Motivation meiner Zuhörer sollte ich kennen!)

k) Stehen mir die notwendigen Hilfsmittel im Raum zur Verfügung?

Habe ich all diese und sich eventuell daraus ergebende weitere Fragen geklärt, kann ich mit der Ausarbeitung meiner Rede beginnen.

Dabei wiederum sollten Sie folgendermaßen vorgehen:

Stoff sammeln:

Aus Büchern, Zeitungen, Zeitschriften sammeln Sie für Ihren Vortrag die Ihnen wichtig erscheinenden Materialien und Hinweise. Ebenso benötigen Sie eigene Ideen und Erfahrungen, die Sie in Ihren Vortrag einbauen können und sollen.

Stoff-Auswahl:

Wenn es Ihnen gelungen ist, die richtigen Materialien für Ihren Vortrag zu sammeln, wird es Ihnen auch leichtfallen, aus der Fülle der Materialien das Geeignete auszuwählen.

Stoff-Gewichtung:

Die Stoff-Gewichtung können Sie erst dann vornehmen, wenn Sie über genügend Stoff verfügen, denn dies ist die Voraussetzung für die Auswahl, die Sie zu treffen haben.

Stoff-Gliederung:

Jetzt beginnen Sie die Ihnen vorliegenden Materialien zu gliedern. Sie bereiten den Hauptteil vor, stellen die anzusprechenden Punkte auf und überlegen die Reihenfolge der vorzutragenden Gedanken.

Überdenken:

Nie sollte der Redner seinen Vortrag unter Zeitdruck vorbereiten, denn beim Überdenken – und dies bedeutet, sich Zeit zu nehmen, um über den Sinn der Rede nachzudenken – kommen oft neue und vielleicht bessere Gedanken. (Chamisso drückte es einmal treffend in einem seiner Gedichte aus: »Die Zeit bringt Rat, sie wird die Sache reifen.«)

Erste Stichwortsammlung:

Legen Sie eine erste Stichwortsammlung an. Schreiben Sie die Ihnen wichtig erscheinenden Grundbegriffe heraus. Mit Sicherheit wird sich die Reihenfolge noch mehrmals ändern. Sollten Sie noch relativ wenig Erfahrung haben, werden Sie Ihre Rede erst einmal wörtlich niederschreiben. Dagegen ist nichts einzuwenden, denn schließlich hat jeder Redner zunächst einmal so begonnen und die Rede wortwörtlich geschrieben. Sollten Sie sich dieser Methode bedienen, müssen Sie aber wissen, daß diese Rede noch nicht der endgültige Text ist. Denn eine wörtlich ausgearbeitete Rede sollten Sie nicht mit zum Vortrag nehmen, da Sie diese dann nur ablesen würden. Und eine abgelesene Rede ist keine Rede, sondern eine Zumutung für die Zuhörer, da Sie keinen Blickkontakt zum Publikum haben. Das optimale Verhältnis – Blick zum Publikum und Blick ins Manuskript – beträgt 7:3. Zu 70 % soll der Blick des Redners ins Publikum gehen und nur zu 30 % auf das vor ihm liegende Manuskript. Ebenfalls beachtet der gute Redner folgenden Hinweis: Was gesagt wird, erarbeite ich zu Hause, wie ich es sage, ergibt sich aus der jeweiligen Situation.

Zweite Stichwortsammlung:

Die zweite Stichwortsammlung ist die endgültige. Mit ihr gehen Sie dann zum Vortrag. Bei diesem Punkt beachten Sie bitte den Aufbau Ihrer Rede. Jede Rede hat eine Einleitung, einen Hauptteil und einen Schluß. In die Einleitung gehören Begrüßung, Themennennung und eine kurze Hinführung zum Thema. In den Hauptteil gehören die inhaltlichen Punkte Ihres Referates und in den Schlußteil die sich aus dem Gesagten ergebenden Konsequenzen, eventuell eine kurze Zusammenfassung der wichtigsten Punkte. Allen Seminarteilnehmern empfehle ich, den ersten Satz der Rede wie auch den letzten Satz wörtlich auszuarbeiten und aufzuschreiben. Begründung dafür: Schreiben Sie den ersten Satz auf, dann zügeln Sie so das gerade zu Beginn starke Lampenfieber. Und den letzten Satz sollten Sie aufschreiben, um einen »guten Abgang« zu bekommen. Mit dem letzten Satz – er bleibt beim Publikum haften – entlassen Sie die Zuhörer entweder nach Hause oder in die Diskussion. (Denn: Ein guter Schluß ziert alles!)

Gedächtnismäßige Aneignung:

Lesen Sie sich immer wieder die niedergeschriebenen Worte durch und überlegen Sie: Was will ich mit diesem aufgeschriebenen Wort sagen? Beispiel: Sie reden über Ihre Hobbies. Auf Ihrem Manuskript steht u.a. das Stichwort »Wandern«. Mit Sicherheit sagen Sie in Ihrem Vortrag weit mehr als das Wort »Wandern«. Sie wissen aber beim Ablesen des Wortes »Wandern«, daß Sie über Ihr Hobby »Wandern« einiges aussagen wollen und werden.

Rhetorische Aneignung (Redeprobe):

Stellen Sie sich zu Hause einmal hin und proben Sie Ihre Rede. Machen Sie dies bitte nur, wenn Sie allein im Raum sind, machen Sie dies nie vor der versammelten Familie, da dann die Reaktion der Familie auf Ihre Proberede abzusehen ist. Entweder erstarrt die Familie in Bewunderung Ihres rhetorischen Könnens, oder – und dies ist viel wahrscheinlicher – die Familie fängt an zu lachen. Üben Sie bitte auch nicht vor dem Spiegel. Ein Spiegel ist das schlechteste Hilfsinstrument für die rhetorische Generalprobe. Denn vor dem Spiegel spielt jeder Mensch eine Rolle. Je mehr es Ihnen gelingt, sich so zu geben, wie Sie sind, um so größer ist die Chance, daß Sie beim Publikum als Redner gut ankommen. Ich gehe so weit zu behaupten, daß ein guter Redner ein schlechter Schauspieler ist und ein guter Schauspieler ein schlechter Redner. Der gute Redner lebt sich selbst, was der gute Schauspieler, der ja eine Rolle spielen muß, nicht kann. (Schon höre ich den Einwand: »Und wie war das beim früheren amerikanischen Präsidenten Ronald Reagan?« Gerade auf ihn trifft diese Behauptung zu, denn Reagan war ein ausgezeichneter Redner, aber als Schauspieler lediglich Mittelmaß.)

3. Wie baue ich Hemmungen und Lampenfieber ab?

Lernziele

Nach Durcharbeiten dieses Abschnitts sollten Sie erklären können,

- wodurch Lampenfieber entsteht,
- mit welchen Techniken Sie Lampenfieber in den Griff bekommen können.

Sie wissen, daß das menschliche Gehirn eine großartige Sache ist. Denn im Augenblick der Geburt beginnt es zu arbeiten und hört nicht damit auf, bis Sie sich erheben, um eine Rede zu halten! Sicherlich ist jedem Redner schon einmal das Mißgeschick widerfahren, vor einem Publikum zu stehen und nicht mehr zu wissen, was er zu sagen sich vorgenommen hatte. Dieser »Blackout« ist kein Weltuntergang, er kann Ihnen und jedem Redner passieren. Mit dem richtigen Stichwortmanuskript und einem gesunden Selbstbewußtsein meistern Sie solche Schwierigkeiten. Natürlich steigern sich bei einem »Blackout« das Lampenfieber und die Redehemmungen. Bemühen Sie sich also, Hemmungen und Lampenfieber in den Griff zu bekommen.

Zuvor jedoch sollten Sie sich überlegen, worauf Hemmungen und Lampenfieber beruhen. Hemmungen und Lampenfieber – es gibt übrigens keinen Menschen, der Hemmungen und Lampenfieber nicht schon selbst erlebt hat – beruhen ausschließlich auf einem Mangel an Selbstvertrauen. Hemmungen vor einer Rede aus der Sorge heraus, sich zu blamieren und etwas falsch zu machen, sind für jeden Redner eine ganz normale Sache. Diese Angst, sich zu blamieren, beruht ausschließlich darauf, Angst zu haben, dem Publikum »preisgegeben« zu sein. Und die Folge dieser Angst ist eine Verkrampfung und ein nervliches Versagen. Josef Kainz sagte einmal: »Nur Dilettanten haben kein Lampenfieber.« Aber wir alle wissen: Die Zuhörer merken nichts von unserem Lampenfieber. Die Angst, ohnmächtig dem Publikum preisgegeben zu sein, ist der Grund für die Hemmungen bei bzw. vor der Rede. Und es darf und kann nicht unser Ziel sein, das Lampenfieber und die Hemmungen ganz abzubauen, denn wenn wir keine Hemmungen mehr vor der Rede haben, sind wir hemmungslos. (Und das sollten wir nie werden!) Hemmungen haben also auch eine durchaus nützliche Funktion.

Was können Sie tun, die persönlich bedingten Hemmungen in den Griff zu bekommen und abzubauen?

a) Bereiten Sie sich gründlich auf Ihre Rede vor. Sie müssen vollkommen vertraut sein mit der Materie, über die Sie zu reden gedenken.

b) Halten Sie vor Ihrer Rede eine Redeprobe ab. Versetzen Sie sich in den Ernstfall.

c) Nehmen Sie Freunde mit zum Vortrag. Freunde, die Ihnen nach Ihrer Rede offen und ehrlich sagen, was Sie gut und was Sie falsch gemacht haben – denn Sie selbst wissen nach Ihrer Rede nicht mehr, was Sie gesagt haben. Und ein ehrlicher Freund sagt Ihnen, was gut und was schlecht an Ihrer Rede war.

d) Entspannen Sie sich vor Redebeginn. Sicherlich wenden Sie ein, daß dies »graue Theorie« sei, denn sie seien nun einmal nervös und nicht entspannt vor der Rede. 20 tiefe Atemzüge können aber der Nervosität ein Ende bereiten. 20mal tief Luft holen trägt zur Beruhigung und zur Entspannung bei. Sie sollten auch nicht in der letzten Sekunde vor Ihrem Vortrag noch »unterwegs« sein, sondern sich im Raum oder vor dem Saal bzw. hinter der Bühne »entspannen«.

e) Sprechen Sie zu Beginn Ihrer Rede besonders langsam. Bekanntlicherweise spricht ein nervöser Mensch eher zu schnell als zu langsam. Bemühen Sie sich gerade zu Beginn Ihrer Rede, bewußt langsam zu reden. Haben Sie den ersten und die weiteren Sätze Ihrer Rede ohne Versprecher hinter sich gebracht, wird auch das Lampenfieber nachlassen. Versprechen Sie sich bereits im ersten oder zweiten Satz, steigert sich das Lampenfieber. Je öfter Sie reden, um so sicherer werden Sie. Reden lernen Sie nur durch reden!

f) Stimmen Sie sich positiv, denn nur positive Gedanken schaffen eine positive Atmosphäre. Eine negative Stimmung und Hektik tragen zu Lampenfieber und Redehemmungen bei.

g) Sprechen Sie zu Beginn Ihrer Rede bewußt etwas lauter. Ein gehemmter Redner spricht eher zu leise als zu laut. Sprechen

Sie zu leise, spüren auch die Menschen im Raum, daß Sie gehemmt sind. Haben Sie die richtige Lautstärke, bemerkt kein Zuhörer im Raum, daß Sie nervös sind. Auch Sie denken als Zuhörer überhaupt nicht darüber nach, ob der Redner, welchem Sie zuhören wollen, nervös ist oder nicht.

- Umweltbedingte Hemmungen können z.B. dadurch entstehen, daß Sie den Eindruck haben, im Raum sitzen Zuhörer, die mehr als Sie über die von Ihnen zu behandelnde Thematik wissen.

- Sie haben den Eindruck, daß ein Teil Ihrer Zuhörer sich nicht auf das von Ihnen Gesagte konzentriert.

- Sie sprechen, und unter den Zuhörern sitzt z.B. Ihr Chef oder Ihr kritischer Kollege.

- Sie müssen länger als vorgesehen warten, um mit Ihrer Rede beginnen zu können.

- Sie versprechen sich, und das Publikum fängt an, schallend zu lachen.

- Sie bringen eine humorvolle Bemerkung, und keiner im Publikum reagiert darauf.

Entspannen Sie sich mit einigen tiefen Atemzügen erneut.

- Denken Sie daran, auch Zuhörer sind Menschen mit Ängsten und Fehlern. Haben Sie genügend Selbstvertrauen, denn Sie wissen, daß Sie etwas wissen.

- Ihr Stichwortzettel hilft Ihnen im Moment der Not bestimmt weiter. Lassen sie den »verunglückten« Satz im Raum stehen, beginnen Sie diesen Satz noch einmal oder fahren Sie ihn Ihrer Rede fort.

Immer wieder kommt es vor, daß Sie in einer Rede nicht mehr weiter wissen. Was können und was wollen Sie in diesem Moment tun?

Möglichkeiten

- Machen Sie eine kleine Pause. Der Zuhörer hat volles Verständnis für einige Sekunden Pause. Diese Pause nützt Ihnen, darüber nachzudenken, was Sie sagen wollen. Die Pause benötigt aber auch das Publikum, denn es muß darüber nachdenken, was Sie soeben gesagt haben. (Verlegenheitslaute wie das mehr oder weniger langgezogene »ä« oder »und« sind nicht die Lösung!)

- Wiederholen Sie das soeben Gesagte noch einmal mit anderen Worten. Sie gewinnen somit etwas Zeit, über das in den nächsten Sätzen zu Sagende nachzudenken. Denken Sie daran, eine Rede ist keine Schreibe. Reden Sie niemals wie Sie schreiben. Vergegenwärtigen Sie sich weiterhin, daß der Zuhörer nicht weiß, was Sie in den nächsten Sätzen sagen wollen. Für ihn ist alles neu, und er kennt Ihre Rede nicht. Und vergegenwärtigen Sie sich, daß lediglich 20 bis 25 % dessen, was Sie sagen wollten, beim Publikum »hängenbleibt«, wie nachfolgende Zeichnung besagt. In mühevoller Kleinarbeit habe ich einmal festgehalten, wieviel von dem, was ein Redner sagen will, vom Zuhörer aufgenommen wird.

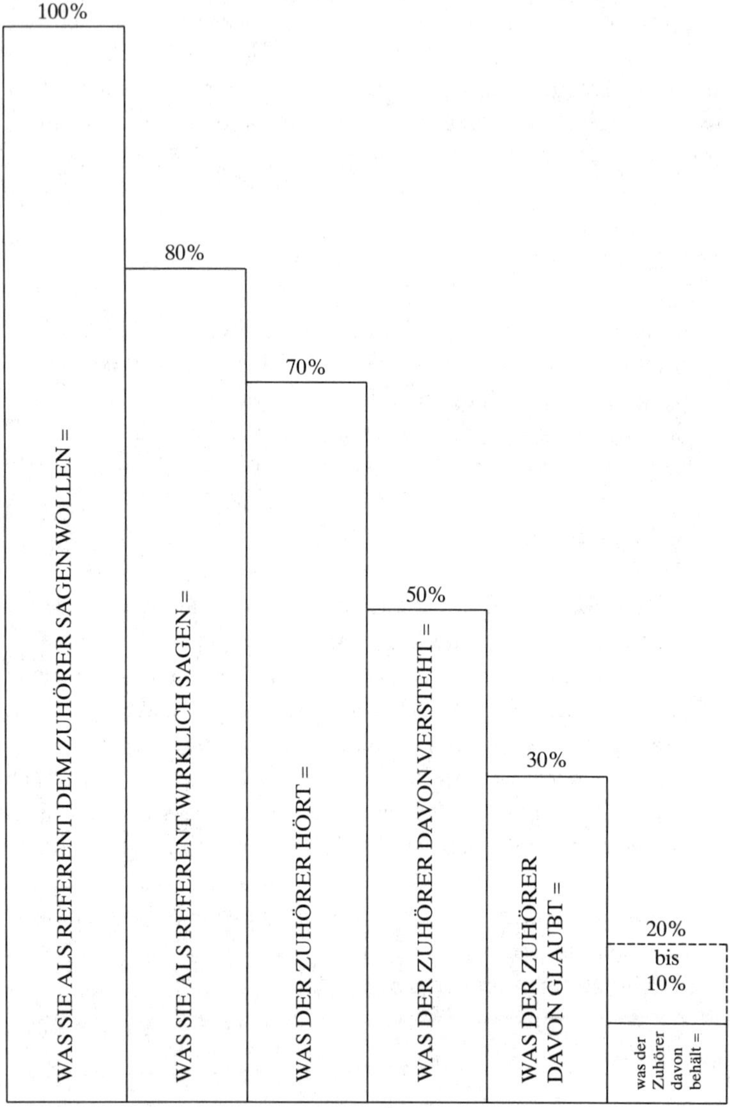
100%
WAS SIE ALS REFERENT DEM ZUHÖRER SAGEN WOLLEN =
80%
WAS SIE ALS REFERENT WIRKLICH SAGEN =
70%
WAS DER ZUHÖRER HÖRT =
50%
WAS DER ZUHÖRER DAVON VERSTEHT =
30%
WAS DER ZUHÖRER DAVON GLAUBT =
20% bis 10%
was der Zuhörer davon behält =

Skizze 1

Da Sie nunmehr wissen, wie wenig »hängengeblieben« ist bzw. der Hörer behalten hat, sollten Sie sich die Skizze 2 auf der folgenden Seite genau vor Augen führen und überlegen, was Sie tun können, um zu erreichen, daß die Hörer (und Seher) mehr als 20 bis 25 % mit nach Hause nehmen.

- Setzen Sie Hilfsmittel ein wie Tafel, Film, Dia, Flipchart, Overhead. Arbeiten Sie mit Folien usw. Bilden Sie kleine Gruppen, lassen Sie die Teilnehmer selbst aktiv mitarbeiten usw.

- Gehen Sie zu einem neuen Punkt über. Mit Sicherheit fällt Ihnen bei der Behandlung des neuen Punktes ein, was Sie noch sagen wollten. Sie können in einer Rede jederzeit das später noch einfließen lassen, was Sie zu sagen vergessen hatten. Denn merke: Eine Rede ist keine Schreibe. Reden Sie nie wie Sie schreiben. – Sie schreiben z.B. relativ lange Sätze. Warum auch nicht? Aber bitte reden Sie keine langen Sätze, denn dann bekommen Sie zusätzlich Schwierigkeiten mit der Grammatik. Sollten Sie einmal nicht das richtige oder gesuchte Wort finden, ist dies kein rhetorischer Beinbruch. Dazu ein Beispiel aus dem Bereich der Politik: Einer der wohl brillantesten Redner auf der politischen Bühne der Bundesrepublik Deutschland war der frühere Kanzlerkandidat der CDU/CSU, Dr. Rainer Barzel. Nie passierte es ihm, daß er sich auch nur ein einziges Mal versprach. Er sprach – und dafür gibt es für mich keine weiteren Beispiele – druckreif! Warum konnte Dr. Barzel trotz seiner rhetorischen Brillanz nicht die von ihm angestrebte Position erreichen? Merke: Nicht die rhetorische Brillanz entscheidet über den Erfolg der Rede und somit des Redners! Merke weiterhin: Die beste Rede, die Sie je halten werden, wird die Rede sein, bei der Sie selbst innerlich engagiert sind! Deshalb versuchen Sie nach Möglichkeit – es wird Ihnen sicherlich nicht immer gelingen – nur über Themen zu sprechen, bei denen Sie selbst innerlich engagiert sind.

DER MENSCH BEHÄLT

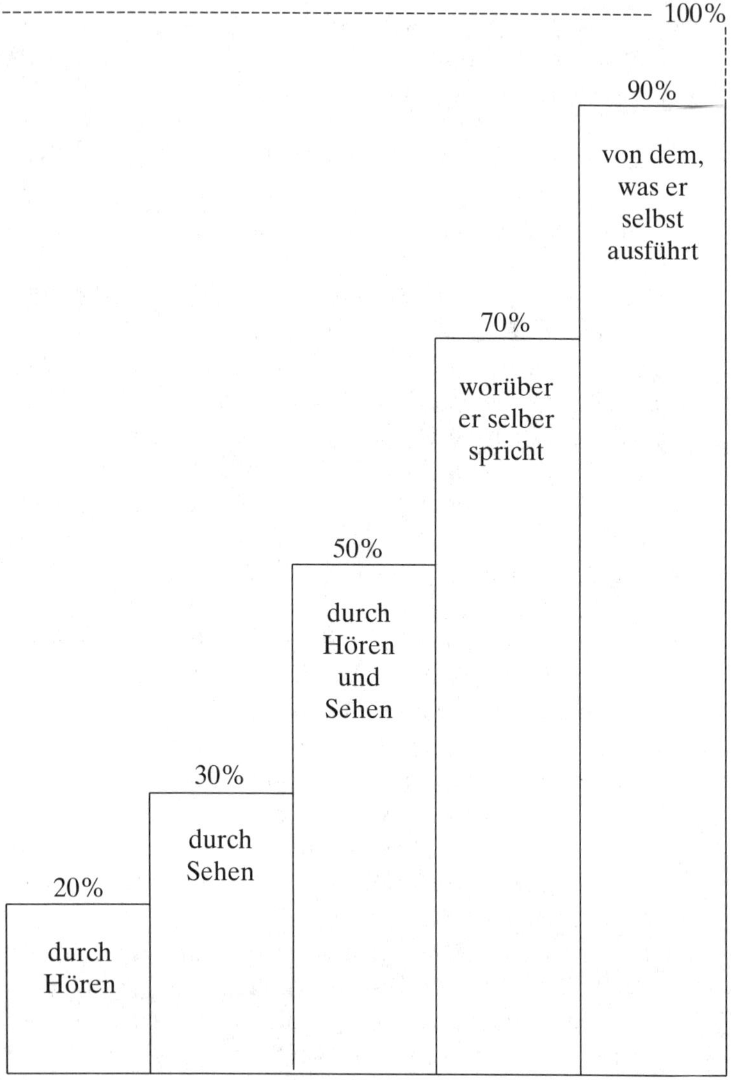

Skizze 2

Es gibt in der Rhetorik einen Dreisatz, den Sie sich bitte merken und den Sie auch beherzigen sollten:

- Denken

- Reden

- Überzeugen

D.h., bitte das Gehirn einschalten, bevor Sie zu reden anfangen! Reden Sie nach Möglichkeit nur über Themen, bei denen Sie innerlich engagiert sind. Das wird mit Sicherheit Ihre beste Rede. – Deutlich spüren Sie bei einem Redner, ob er das, worüber er redet, selbst glaubt oder nicht. Nun gibt es zahlreiche Redner, die keine Hemmungen und kein Lampenfieber mehr haben. Auch Ihnen ist zu empfehlen, ein Rhetorikseminar wieder einmal zu besuchen oder dieses Buch zu lesen, denn »reden können« darf nicht dazu führen, immer »reden zu wollen«. Eine Rede im richtigen Moment zu beenden (wann der richtige Moment für das Ende einer Rede ist, müssen Sie als Redner spüren!), trägt wesentlich zum Erfolg des Redners – und somit zum Erfolg der Rede – bei.

4. Was gehört alles in eine gute Rede hinein? (Grundlagen des Inhalts einer guten Rede)

Lernziele

> Nach Durcharbeiten dieses Abschnitts sollten Sie wissen,
>
> - wie eine Rede aufgebaut wird,
> - welche Bestandteile eine gute Rede charakterisieren.

Sachlichkeit:

Bleiben Sie sachlich. Leider wird – und dies nicht nur im Bereich der Politik – oft dagegen verstoßen. Maximilian Weller sagt in seinem Buch der Redekunst (S. 240): »Unter Sachlichkeit ist zu verstehen eine Angemessenheit oder Zweckhaftigkeit des Stils, eine Art geistigen Schaffens, bei der die Verbindung von Inhalt und Form und die Übereinstimmung dieser beiden Dinge so innig und unauflöslich ist, daß sie als eine Einheit empfunden wird.« Inhalt und Form müssen also übereinstimmen.

Anschaulichkeit und Klarheit:

Was Sie sagen, muß anschaulich und klar für die Hörer sein. Meiden Sie also Fremdwörter (die oft nicht verstanden werden; zumeist geben Hörer nicht zu, etwas nicht verstanden zu haben)! Meiden Sie Abkürzungen (Sie glauben nicht, wie wenig Abkürzungen bekannt sind)! Drücken Sie sich klar und anschaulich aus! Die große Kunst eines Konrad Adenauer war, daß er es wie nur wenige verstanden hat, sich klar und mit einfachen Worten auszudrücken. Seine Politik wurde demzufolge verstanden; jeder, der ihn hörte, wußte, was er meint und konnte demzufolge entweder »Ja« oder »Nein« zu dem von ihm Angesprochenen sagen. Eines der wohl größten Probleme im Bereich der Kommunikation heute ist: Ein Teil der Menschen drückt sich falsch oder zumindest mißverständlich aus, und der andere Teil der Menschen mißversteht es. Alexander Solschenizyn sagte einmal: »Für jedes fremde Wort, welches ich benutze, mache ich auf einem Blatt Papier einen Strich. Die Summe der Striche ist die Summe meiner Unvollkommenheit.« (Haben sie es nötig, sich abstrakt und unklar auszudrücken?)

Beherzigen Sie folgende Faustregel:

Was Sie denken	– sagen Sie
Was Sie sagen	– wird gehört vom Publikum
Was gehört wird	– sollte verstanden werden
Was verstanden wird	– damit sollten die Hörer möglichst einverstanden sein
Womit Hörer einverstanden sind	– werden sie auch in der Regel anwenden
Was angewendet wird	– wird auch meist beibehalten.

Steigerung:

Arbeiten Sie in Ihrem Referat auf Höhepunkte hin. Ein Höhepunkt sollte nicht am Anfang des Referats stehen, sondern am Schluß. Das Ihrer Ansicht nach beste Argument verwenden Sie am Schluß, da bekanntlicherweise ein guter Schluß alles ziert. Sie haben zahlreiche Argumente für eine These bzw. Meinung, die Sie vortragen. Steigen Sie bitte nicht mit dem besten Argument ein, denn Ihnen fehlen dann Steigerungsmöglichkeiten für Ihr Referat. Dies wiederum heißt nicht, daß Sie mit einem schlechten Argument Ihren Vortrag beginnen. (Es gibt im übrigen keine schlechten Argumente, es gibt höchstens falsch vorgetragene!)

Wiederholung:

Wie oben erwähnt, bleibt nur ca. 20 % dessen, was ein Redner sich vornimmt, in einem Referat zu sagen, beim Publikum »hängen«. Deshalb müssen die wesentlichen Punkte wiederholt werden. Was zweimal gesagt wurde – und davon können Sie ausgehen –, behalten Ihre Zuhörer.

Überraschungen:

»Das Überraschende macht Glück«, läßt Schiller den König in seinem Schauspiel »Don Carlos« sagen. Eine Überraschung erahnt Ihr Publikum nicht, demzufolge sammeln Sie einen Pluspunkt mit einer gelungenen Überraschung.

Beschränkung:

Der rhetorische Meister ist in der Lage, sich inhaltlich und zeitlich zu beschränken. Es ist unmöglich, alle Aspekte eines Themas anzusprechen, denn das Publikum interessiert sich nicht für alle Aspekte. Stellen Sie sich einem Kreis vor, schildern Sie also Ihren Lebenslauf, so erwähnen Sie sicherlich nicht, was Sie im Laufe der letzten Jahre an Ihren Geburtstagen geschenkt erhielten (obwohl dies für Sie wichtig war an dem jeweiligen Tag). Sie erwähnen lediglich die Daten und Punkte, die dazu beitragen, daß sich die Zuhörer ein »richtiges« Bild von Ihnen machen können. Sie beschränken also Ihre Aussagen. Beschränkung heißt aber auch, sich zeitlich zu beschränken, denn Ihnen steht nur eine gewisse Redezeit zur Verfügung. Nicht Zufall ist, daß eine Schulstunde 45 Minuten beträgt. Die Aufnahmefähigkeit eines Schülers (und auch eines Erwachsenen) ist begrenzt. Kurt Tucholsky ist zuzustimmen, wenn er sagt: »Man kann über alles reden, nur nicht über 45 Minuten.« Und war es nicht Martin Luther, der folgenden Satz gesagt hat: »Tritt frisch auf, tus Maul auf, hör bald auf.«? Begeisterung und Anerkennung erntet bekanntlicherweise der Redner, dem es gelingt, im »richtigen« Moment seine Rede zu beenden. Und den »richtigen« Moment finden Sie, wenn es Ihnen gelingt, Ihr Publikum bis zum Schluß Ihrer Rede in Ihren Bann zu ziehen.

Keine Pauschalurteile:

Hüten Sie sich vor Pauschalurteilen, denn Pauschalurteile entsprechen nicht der Wirklichkeit. Mit einem Pauschalurteil verärgern Sie u.U. Ihre Zuhörer. Dazu einige Beispiele: Sagt ein Redner: »Gastarbeiter sind faul«, so trifft er damit nicht die Wahrheit, vielleicht aber einen Hörer, der mit einem Gastarbeiter bekannt, befreundet oder verwandt ist. Dieser ist zu Recht verärgert und nimmt von dem später von Ihnen Gesagten nichts mehr an. Sie haben ihn mit einem Pauschalurteil verärgert oder beleidigt. Sie sind für ihn unglaubwürdig geworden. Gewiß gibt es Gastarbeiter und auch eigene Landsleute, die faul sind. Faul aber sind nicht *die* Gastarbeiter oder *die* Deutschen (sondern nur einige wenige der Gastarbeiter bzw. der Deutschen). Benutzen wir nicht des öfteren Pauschalurteile? »Frauen können nicht Auto fahren«; »Mann mit Hut am Steuer«; »Behördenmühlen mahlen langsam«; »Beamte sind faul«. Pauschalurteile sind nie repräsentativ, sie entsprechen also nicht der Wahrheit. Vermeiden Sie Pauschalurteile in Ihrer Rede!

Humor:

Bitte verwechseln Sie nicht Humor mit Witz. Wer gut Witze erzählen kann, hat noch lange keinen Humor. Denn Humor kommt vom Herzen, Witz entsteht im Kopf. »Der Humor ist keine Gabe des Geistes, er ist eine Gabe des Herzens«, sagte der Schriftsteller Ludwig Börne in einer Dankrede über Jean Paul. Ein Witz wird erdacht, Humor aber gelebt. Humor ist der einzige nicht erlernbare Punkt der hier erwähnten Grundlagen des Redeinhaltes, die eine gute Rede charakterisieren. Humor hat man oder man hat ihn nicht. Humor ist aber auch nicht unbedingt das einzige oder ein typisches Merkmal eines guten Redners. Wir haben brillante Redner, denen Humor in die Wiege gelegt wurde. Es gibt aber auch viele Redner, die keinen Humor haben und dennoch gute Redner sind.

Einer der wohl brillantesten Redner auf der politischen Bühne in Deutschland ist der frühere Bundespräsident Richard von Weizsäcker. Er verfügt meines Erachtens über alle Gaben und Fähigkeiten, die ein guter Redner haben sollte – auch wenn ihm Humor nicht eigen ist. Humor entspricht nicht seinem Wesen. Humor »paßt nicht zu ihm«, wurde mir von einem Seminarteilnehmer einmal gesagt. Und dennoch (oder vielleicht deshalb?) ist er einer der besten Redner. Anderen Politikern ist der Humor eigen. Gedacht sei z.B. an den Stuttgarter Oberbürgermeister Rommel, den Bundesminister Norbert Blüm, aber auch an den früheren Bundeskanzler Konrad Adenauer. Viele Anekdoten gibt es über seinen herzerfrischenden Humor. Auch Ironie und Sarkasmus haben mit Humor zu tun.

Unvergessen bleibt mir eine Wahlkundgebung mit Konrad Adenauer. Der Bundeskanzler betrat den Saal und wurde von seinen politischen Freunden mit Beifall begrüßt, von seinen politischen Gegnern mit Buhrufen, Pfiffen und Pfeifen. Nach der

Begrüßung durch den Versammlungsleiter betrat Adenauer das Rednerpult, begann in Anbetracht der Buhrufe und Pfiffe nicht mit seiner Rede, schaute lächelnd in den Saal, erblickte in der zweiten Reihe einen Teilnehmer, welcher seinen Unmut über das Auftreten Adenauers auf vier Fingern pfeifend zum Ausdruck brachte und rief ihm mit heiterer Miene und in dem ihm eigenen rheinischen Akzent zu: »Sagen Sie mal, wie machen Sie das? Als fünfzehnjähriger Junge habe ich mir immer gewünscht, so pfeifen zu können wie Sie.« Alle im Saal fingen verständlicherweise zu lachen an, und der Pfeifer war sprachlos. Er fühlte sich nicht mehr an-, sondern ausgelacht. Ein Beispiel für Ironie und ein weiteres für Sarkasmus aus einer Bundestagsdebatte im Deutschen Bundestag in den ersten Jahren nach Kriegsende: Der kommunistische Bundestagsabgeordnete Renner hielt eine Rede. Adenauer unterbrach ihn und rief ihm zu: »Herr Renner, wenn Sie eines Tages an der Macht sind, dann hängen Sie mich sicher auf.« Renner antwortete: »Gewiß, Herr Bundeskanzler, aber mit großem Respekt.« Ein Bundestagsabgeordneter im Deutschen Bundestag: »Herr Minister, wir haben soeben Ihre Rede gehört. Aber jetzt mal Spaß beiseite.«

Heiterkeit rief bei der Tagung der Landessynode der Evangelischen Kirche nachfolgender Satz in einer Rede von Kirchenrat Bender hervor: »Rhetorik ist die Kunst, Unverständliches so feierlich vortragen zu können, daß jeder einzelne Zuhörer meint, der Nachbar verstehe alles, nur er selbst sei zu dumm, und damit die anderen das nicht merken, tut er am besten so, als habe er alles verstanden. Bekanntlich gibt es bei uns verschiedene Stufen von Reden. Die unterste Stufe ist dann erreicht, wenn der Redner sie selbst versteht und die Zuhörer ihn. Die gehobene Stufe ist dann erreicht, wenn der Redner sich versteht, aber die Zuhörer ihn nicht. Die höhere Stufe liegt vor, wenn der Redner sich selbst nicht versteht und die Zuhörer ihn auch nicht verstehen. Die höchste Stufe ist dann gegeben, wenn der Redner die Rede zwar selbst nicht versteht, aber die Zuhörer glauben, ihn verstanden zu haben.«

Viele Aspekte haben Sie jetzt gelesen und dabei erfahren, was alles in eine gute Rede hineingepackt werden kann und soll. Wenn es Ihnen gelingt, wohldosiert viele der soeben erwähnten Aspekte in Ihre Rede einzubauen, können Sie sicher sein, daß Ihr Vortrag seinen Eindruck beim Publikum kaum verfehlen kann.

»Nichts Schöneres haben die Götter dem Menschen gegeben als die Majestät der Rede.« (Quintilian)

Natürlich wissen Sie, daß die Rede allein noch nicht die Wirkung bei den Zuhörern hinterläßt, die von der Wahl der Worte gegeben sein müßte. Entscheidend zum Erfolg trägt bei, wie Sie sprechen. Eine Wirkung geht von der Art und Weise Ihres Sprechens aus. *Sprechen Sie also wirkungsvoll!* Und wirkungsvoll sprechen Sie, wenn Sie Sprechtempo, Lautstärke und Stimmfärbung variieren.

Das Tempo beim Sprechen bestimmen Sie! (Und wer nervös ist, spricht zumeist auch zu schnell.) Sprechen Sie zu schnell, sprechen Sie in der Regel auch undeutlich, und der Hörer hat Probleme, das von Ihnen Gesagte auch zu verstehen und zu verarbeiten. Sprechen Sie zu leise, werden Sie nicht von allen Hörern verstanden. (Wer besitzt schon den Mut zu sagen: »Ich habe Sie akustisch nicht verstanden«?)

Variieren Sie bewußt (aber wiederum nicht so aufdringlich, daß der Hörer dies merkt und den Eindruck hat, Sie deklamieren).

Eine gute Rede hat folgenden Verlauf:

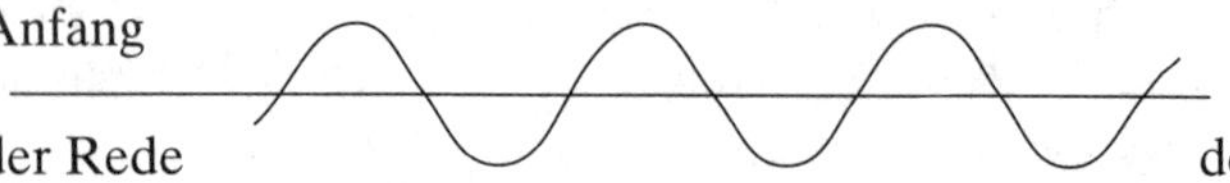

Anfang der Rede — Ende der Rede

Eine schlechte Rede, d. h. eine monotone Rede, hat folgenden Verlauf:

Anfang | Ende

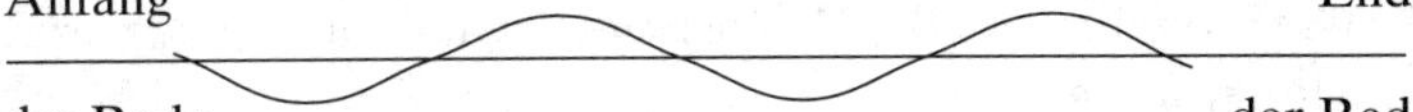

der Rede | der Rede

5. Wie bereite ich mich auf eine gute Rede vor?

Lernziele

> Nach Durcharbeiten dieses Abschnitts sollten Sie
>
> – Techniken kennen, die bei der Redevorbereitung helfen.

Einen Vortrag müssen Sie langfristig planen!

Legen Sie einen Planungsbogen an und beantworten Sie darauf folgende Fragen:

1. Was ist der Anlaß meiner Rede?

2. Wer kommt zu meinem Vortrag? (Was haben die Zuhörer für Interessen, für Erwartungen, welchen Bildungsstand, wie alt sind meine Zuhörer, wie viele werden kommen?)

3. Welches Ziel verfolge ich mit meinem Vortrag? (Will ich informieren, überzeugen, berichten, erzählen? Was will ich mit meinem Vortrag erreichen, was sollen die Zuhörer nach meinem

Vortrag wissen, was sollten sie danach können, und was können die Hörer nach meinem Vortrag tun?)

4. Wie formuliere ich das Thema richtig? Und worüber werde ich dann sprechen?

Entspannen Sie sich vor Ihrem Vortrag! Hektik und Streß sind Ursachen für den Mißerfolg. Also entspannen Sie sich vor Ihrer Rede! Die bereits erwähnten 20 tiefen Atemzüge vor Beginn Ihrer Rede wirken Wunder. Ebenso wichtig ist aber, daß Sie *vor* Ihrer Rede sich zu entspannen versuchen. Wie wäre es mit wenigen Minuten autogenem Training? Oder mit einem kurzen Spaziergang? Z.B. bemühe ich mich vor jeder Rede, rechtzeitig am Ort des »Geschehens« zu sein, mich mit der mir bisher noch unbekannten Umgebung vertraut zu machen. Aber auch ein kleiner Spaziergang vor der Rede bzw. vor Betreten des Saales trägt wesentlich zur Entspannung bei. Nichts merkt ein Publikum dem Redner mehr an als Streß und Hektik bzw. eine Anspannung. Und die Ruhe, die Sie ausstrahlen, überträgt sich auf Ihr Publikum.

Um entspannt zu sein, ist es notwendig, daß Sie rechtzeitig losfahren, um pünktlich an Ort und Stelle zu sein.

Haben Sie all diese erwähnten Punkte berücksichtigt und sind Sie mit der Materie, über welche Sie reden, bestens vertraut (und haben Sie das bereits erwähnte Lampenfieber einigermaßen im Griff), dann können Sie sicher sein: Ihr Vortrag »kommt gut an«.

Und wenn es Ihnen dann noch gelingt, schnell zu denken und langsam zu sprechen, ist Ihnen der Erfolg sicher. Folgende Worte beherzigen die englischen Redner: »Think quickly, speak slowly.«

Bemühen Sie sich weiterhin, folgende Grundsätze zu beherzigen: Um andere erfolgreich ansprechen und überzeugen zu können, sollten Sie folgendermaßen vorgehen: Tragen Sie den richtigen Gedanken (= Logik) mit richtigen Worten in der richtigen Sprache (= Rhetorik) zur richtigen Zeit vor dem richtigen Publikum vor (= Psychologie). Logik, Rhetorik und Psychologie sind Grundbedingungen für eine erfolgreiche Rede.

Zusammenfassung

Vier Arten der Rede lassen sich unterscheiden:

- Sachvortrag
- Meinungs- oder Überzeugungsvortrag
- Gelegenheitsrede
- Erzählung

Der Zweck der Rede ist entweder vorgegeben oder muß vom Redner vorher festgelegt werden.

Lampenfieber und Hemmungen sind normal und lassen sich durch eine gründliche Vorbereitung der Rede in den Griff bekommen.

Die Vorbereitung einer Rede sollte in folgenden Schritten vorgenommen werden:

- Stoff-Sammlung
- Stoff-Auswahl
- Stoff-Gewichtung
- Stoff-Gliederung
- Überdenken
- Erste Stichwortsammlung
- Zweite Stichwortsammlung
- Gedächtnismäßige Aneignung
- Rhetorische Aneignung

Wichtig ist es, die Materie, über die man sprechen will, zu beherrschen.

Eine gute Rede zeichnet sich durch verschiedene Elemente aus:

- Sie sollte *sachlich* vorgebracht werden,
- *klar* und *anschaulich* für die Zuhörer sein (wenig Fremdwörter und abstrakte Formulierungen),
- *steigernd* angelegt sein (Höhepunkte gegen Schluß einbauen),
- wichtige Punkte sollten *wiederholt* werden,
- *zeitlich* und *inhaltlich* begrenzt sein (nicht zu viele Aspekte eines Themas),
- keine Pauschalurteile enthalten.

Das einzige Gestaltungselement in einer Rede, das nicht erlernbar ist, ist der Humor.

Wiederholungsfragen

Nennen Sie verschiedene Arten von Reden!

Machen Sie deutlich, worin sich die verschiedenen Redeformen unterscheiden!

Wie bekommen Sie Ihr Lampenfieber in den Griff?

Übungsaufgabe

Halten Sie eine Stegreifrede zum Thema »Lebenslauf und meine Hobbies« und sprechen Sie diese Rede auf Band. Analysieren Sie im Anschluß kritisch diese Rede!

III. Wirkung einer Rede

1. Wie wirken Worte?

Lernziele

> Nach Durcharbeiten dieses Abschnitts sollten Sie wissen,
>
> – welche Wirkungen mit Worten ausgelöst werden können,
> – welche vier Seiten eine Nachricht aufweist.

Worte sollen den Hörer positiv stimmen. Nur so ist er bereit, Ihnen zu folgen, Ihre Thesen zu beherzigen.

Nachfolgend finden Sie einige Worte. Versehen Sie diese Worte

mit einem	+	für positiv,
mit einem	–	für negativ,
mit einem	0	für neutral.

1	danke	11	zuverlässig	21	beschreiben
2	furchtbar	12	sorgen	22	beraten
3	überzeugt	13	nett	23	beweisen
4	enttäuscht	14	grün	24	nein
5	gehen	15	schuldig	25	natürlich
6	sicher	16	harmlos	26	nachdrücklich
7	zweifeln	17	sonst	27	anerkennen
8	nur	18	muß	28	leider
9	fürchten	19	liefern	29	heute
10	verlangen	20	überfordern	30	erkundigen

Übernehmen Sie also viele mit + versehene Worte in Ihren Vortrag!

Ein weiteres Beispiel macht deutlich, wie ein Hörer durch eine positive Formulierung eingestimmt werden kann: Ein bis zur Hälfte gefülltes Wasserglas ist – und beides stimmt – halb voll bzw. halb leer.

Wie reagieren Sie auf die Formulierung »halb voll?»

Wie reagieren Sie auf die Formulierung »halb leer?»

»Nur wer gegen den Strom schwimmt, kommt zur Quelle.«

»Wer gegen den Strom schwimmt, muß einiges schlucken.«

Welcher der beiden Sätze wirkt auf die Hörer positiver?

Beantworten Sie selbst diese Frage!

Immer wieder müssen wir feststellen, daß gesprochene Sätze beim Zuhörer nicht so ankommen, wie wir es wünschen. Kommunikation kann u. U. mißlingen, weil wir Vorgänge bei dem Zuhörer bzw. den Zuhörern nicht erkennen, nicht erkennen wollen oder nicht erkennen können.

Prof. Dr. Friedemann Schulz von Thun schreibt in seinem Buch »Miteinander reden: Störungen und Klärungen«: »Wenn jemand etwas von sich gibt, so die zentrale These, enthält seine Mitteilung vier psychisch bedeutsame Seiten: Selbstoffenbarung, Sachinhalt, Beziehungshinweis und Appell. Mit jedem dieser vier Aspekte sind typische Probleme verbunden, die meist alle zugleich von Sender und Empfänger bewältigt werden müssen... Diese Erkenntnisse ... gehören nicht in die Geheimfächer der Psychologie eingeschlossen, sondern in die Hand von jedermann.« Die Verständlichkeit einer Information steht nach Friedemann Schulz von Thun auf vier Säulen, und zwar auf

- Einfachheit (in der sprachlichen Formulierung),
- Gliederung – Ordnung (im Textaufbau),
- Kürze – Prägnanz (statt weitschweifiger Ausführlichkeit) und auf
- zusätzlicher Stimulanz (anregende Stilmittel).

Das gesprochene Wort ist also mehr als nur ein gesprochenes Wort. Das gesprochene Wort muß von mehreren Seiten beleuchtet werden. Im Mittelpunkt steht die Nachricht, das gesprochene Wort. Mit dem gesprochenen Wort offenbaren Sie sich, sagen Sie etwas aus. Das gesprochene Wort ist gleichzeitig eine Nachricht, die Sie senden. Mit dem gesprochenen Wort bringen Sie zum Ausdruck, in welcher Beziehung Sie zum Gesprächspartner (oder Publikum) stehen. Mit dem gesprochenen Wort appellieren Sie gleichzeitig an Ihre Zuhörer. Das Modell zwischenmenschlicher Kommunikation weist wieder die vier Seiten einer Nachricht aus.

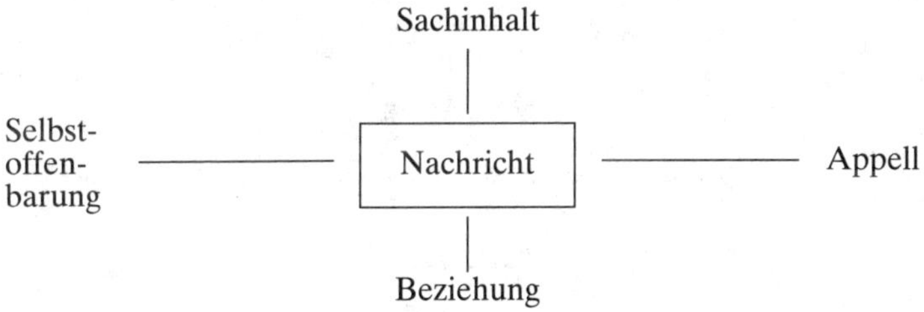

Mehrere Beispiele sollen ihnen deutlich machen, welche Wirkung ein gesprochenes Wort haben kann:

Beispiel für eine Nachricht aus dem Alltag. Eine Frau sitzt am Steuer, der Mann (Beifahrer) ist Sender folgender Nachricht:

Die vier Seiten dieser Nachricht:

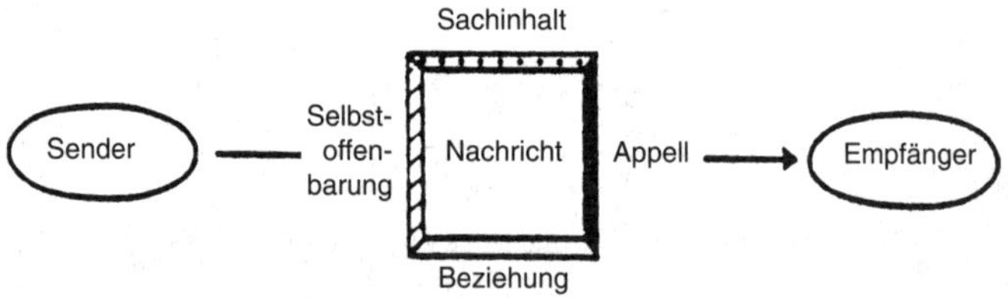

Was bedeutet bzw. kann diese Nachricht unter der kommunikationspsychologischen Lupe bedeuten:

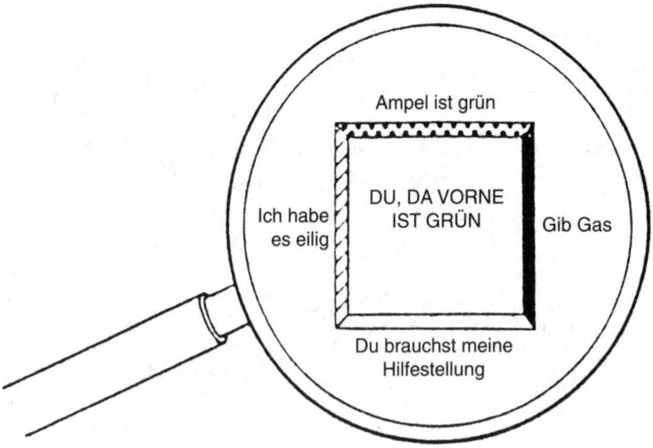

Die Reaktion der Frau auf die Frage des Mannes läßt folgendes deutlich werden: Die Frau reagiert gereizt auf den Ausspruch des Mannes, »Du, da vorn ist grün«, weil sie den Eindruck hat, er meine, sie brauche seine Hilfestellung, da sie noch wenig Erfahrung beim Autofahren hat. Die Frau hat also den Eindruck, als Kind und somit Unerfahrene von dem Mann behandelt zu werden. Würde die Frau den Eindruck haben, als voll- und gleichwertige Fahrerin angesehen zu werden, würde sie sicherlich anders reagieren und ihm auf seine Frage antworten: »Danke für den Hinweis, ich habe gesehen, daß die Ampel grün ist.«

Beispiel zwei:

Ein Ehepaar beim Mittagessen:

Vier Seiten der vom Ehemann gesendeten Nachricht

Vier Seiten der von der Ehefrau empfangenen Nachricht

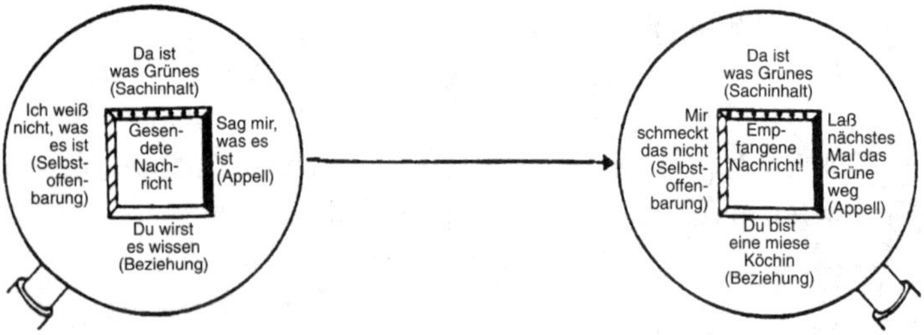

Was ist zwischen den Ehepartnern u.U. vorgefallen?

Wie würden zwei Menschen, zwischen denen nichts vorgefallen war, reagieren?

Er: »Was ist das Grüne in der Soße?»
Sie: »Es ist Schnittlauch.«
Er: »Aha, Schnittlauch. Ich wußte es nicht. Vielen Dank!»
Sie: »Na dann, guten Appetit.«

Verbale Äußerungen verdeutlichen entweder Wertschätzung oder Geringschätzung. Merkmale der Wertschätzung sind der patriarchalisch-fürsorgliche und der partnerschaftlich-sozialintegrative Stil; Merkmale der Geringschätzung der autoritäre bzw. der Laissez-faire-Stil (nach Friedemann Schulz von Thun).

Vier mögliche Äußerungen einer Mutter zu ihrer Tochter:

1. »Sag mal, bei dir piept's wohl! Den schwarzen Rock ziehst du an, und zwar dalli!« (= autoritärer Stil)

2. »Mach, was du willst. Mit Vernunft ist bei dir ja doch nichts zu wollen!« (= Laissez-faire-Stil)

3. »Oh, mein Liebling, das paßt heute nicht so gut. Zieh doch bitte deinen schwarzen Rock an, ja?« (= patriarchalisch-fürsorglicher bzw. matriarchalisch-fürsorglicher Stil)

4. »Oh, ich habe Angst, es sieht nicht feierlich genug aus. Aber du fühlst dich in Hosen einfach wohler, nicht wahr?« (= partnerschaftlich-sozialintegrativer Stil)

Stil 1 und 2 = Geringschätzung,

Stil 3 und 4 = Wertschätzung.

Diese Beispiele sollten Ihnen verdeutlichen, wie Worte wirken und was hinter dem gesprochenen Wort stehen kann. Die Kenntnisse um Hintergründe von Beziehungen sind entscheidend, um Worte richtig zu verstehen und zu interpretieren.

Worte sind also Brücken vom Ich zum Du und können wie Drogen wirken. Und ausnahmsweise gebe ich Lenin recht, der einmal formulierte: »Beherrsche die Sprache, und du beherrschst die Menschen.«

Mit dem Beherrschen der Sprache ist Ihnen also die Möglichkeit gegeben, Einfluß auf Menschen auszuüben, vorausgesetzt, Sie kennen die Erwartungen Ihrer Zuhörer.

Eines wissen Sie auf jeden Fall: Ihre Zuhörer wollen »positiv« angesprochen werden, denn negative Äußerungen stören das Klima und die Atmosphäre. Sie wissen nunmehr, wie Worte wirken, und haben sicherlich schon erfahren, Worte wirken wie Wunder!

Aber nicht nur das gesprochene Wort beeinflußt Ihre Zuhörer. Ebenso entscheidend für Ihren Erfolg ist Ihr Aussehen und Auftreten.

2. »Aussehen und Auftreten« entscheiden auch über Ihren Erfolg!

Lernziele

> Nach Durcharbeiten dieses Abschnitts sollten Sie
>
> - erklären können, was unter persönlichen Wirkungsmitteln zu verstehen ist,
> - Ihre persönlichen Wirkungsmittel einschätzen können.

Unter »Aussehen und Auftreten« sollten Sie die Kleidung, Haltung, Mimik, Gestik und Sprache verstehen.

Tragen Sie geeignete Kleidung, d.h. Kleidung, die Ihrer Person und dem Anlaß Ihrer Rede entspricht. Ein jugendlicher Redner kleidet sich sicherlich anders als der ältere Redner. Zur Beerdigung tragen Sie ebenfalls eine andere Kleidung als anläßlich des Vortrages in einer Freizeit einer Jugendgruppe.

Stehen Sie aufrecht vor Ihrem Publikum, gleich, ob Ihnen ein Pult zur Verfügung steht oder nicht. Stehen Sie mit beiden Beinen auf dem Boden. Sie sollten im wahrsten Sinne des Wortes einen »Standpunkt« haben. Setzen Sie Ihre Hände (Gestik) Ihrem Temperament und Ihren Worten gemäß ein. Schauen Sie »freundlich« in Ihr Publikum.

Setzen Sie Ihre Hände Ihrem Temperament gemäß ein. Ein temperamentvoller Redner bringt mehr Gestik als ein ruhiger Redner. Sprechen Sie, wie Ihnen »der Schnabel« gewachsen ist, d.h., sprechen Sie nicht gekünstelt, denn dadurch verlieren Sie an Glaubwürdigkeit. Bekennen sie sich zu ihrem Dialekt (vorausgesetzt, er ist auch für andere, die nicht aus Ihrer Gegend kommen, verständlich). Denken Sie an deutsche Politiker, die sich zu ihrer Sprache bekennen. Konrad Adenauer sprach mit rheinischem Akzent, Helmut Schmidt kam aus Norddeutschland – was zu hören war, Theodor Heuss war Schwabe, und F. J. Strauß kam aus dem Bayernland – und wer es nicht wußte, hörte es. Lassen Sie Ihre Zuhörer den Reiz des Dialekts heraushören. Wirkung wollen Sie mit Worten und mit Ihrem Auftreten erzielen. Hinweise dafür sind Ihnen jetzt bekannt. Aber kennen Sie Ihre persönlichen Stärken und Schwächen?

Im nachfolgenden Teil sollen Sie Ihre persönlichen Wirkungsmittel erkennen bzw. erfahren.

Persönliche Wirkungsmittel:

a) Kennen Sie Ihre persönlichen Wirkungsmittel?

Ja/Nein

b) Wenn Sie Ihre persönlichen Wirkungsmittel kennen, schreiben Sie nieder, welche es sind:

c) Was schätzen andere Menschen am meisten an Ihnen?

d) Was mißfällt anderen Menschen an Ihnen?

Jetzt kennen Sie Ihre persönlichen Wirkungsmittel und somit auch die an Ihnen geschätzten Eigenschaften. Ebenso aber wissen Sie von anderen oder aus Mißerfolgen, die Sie hatten, was Mitmenschen an Ihnen mißfällt.

Setzen Sie Ihre Ihnen bekannten Wirkungsmittel ein; verstellen Sie sich aber dabei nicht, spielen Sie keine Rolle. Den größten Eindruck hinterlassen Sie bei Ihren Mitmenschen, wenn Sie sich selbst leben und sich geben, wie Sie immer sind. Jedes für Sie unnatürliche Verhalten (oder gespielte Verhalten) wird von anderen erkannt. Voraussetzung aber, um auf andere positiv zu wirken, ist, daß Sie sich selbst kennen und annehmen.

Füllen Sie nachfolgendes Psychogramm aus. Kreuzen Sie an, wie Sie sich zu kennen glauben:

optimistisch	1	2	3	4	5	6	pessimistisch
freundlich							unfreundlich
ausgeglichen							unausgeglichen
sympathisch							unsympathisch
sentimental							gefühlsarm
dominant							nicht dominant
geduldig							ungeduldig
einfühlsam							nicht einfühlsam
witzig							trocken

kreativ	nicht kreativ
egoistisch	altruistisch
kompromiß- bereit	nicht kompro- mißbereit
verletzlich	nicht zu er- schüttern
verschwenderisch	geizig
ehrgeizig	gleichgültig
verträumt	draufgängerisch
geschwätzig	schweigsam
sachlich	unsachlich
vielseitig	einseitig
geltungs- bedürfig	nicht geltungs- bedürftig

1 2 3 4 5 6

Haben Sie dies getan, bitten Sie einen Menschen, der Sie gut kennt, Sie nach dem gleichen Muster zu beurteilen. Er sollte verständlicherweise aber nicht wissen, wie Sie sich selbst beurteilt haben. Sprechen Sie im Anschluß daran über die Punkte, worin Ihre Meinung von der Beurteilung des anderen über Sie abweicht. Ziehen Sie aus diesem für Sie wichtigen Gespräch u.U. persönliche Konsequenzen.

Voraussetzung, um auf andere Menschen zu wirken und diese zu beeinflussen ist, daß Sie sich selbst kennen. Bereits die alten Römer (und auch die Griechen) wußten um die notwendige Selbsterkenntnis, denn von ihnen stammt der Satz »ignosce te ipsum« (»Erkenne dich selbst«).

3. Aufbau einer Rede

Lernziele

> Nach Durcharbeiten dieses Abschnitts sollten Sie wissen,
>
> – welche Faktoren für den Aufbau einer Rede berücksichtigt werden müssen.

Eine wirksame Rede ist folgendermaßen angelegt:

- Sie ist logisch richtig und psychologisch geschickt aufgebaut;
- sie ist überschaubar für Redner und vor allem für Zuhörer;
- sie ist auf Steigerung bedacht.

Zu den einzelnen Punkten:

Achten Sie darauf, daß keine Widersprüche in Ihrer Rede sind. Erkunden Sie die Erwartungshaltungen Ihrer Zuhörer, d.h., bauen Sie Ihre Rede psychologisch geschickt auf. Sprechen Sie den Verstand, die »ratio« Ihrer Zuhörer an, verpacken Sie Ihre

Argumente gefühlsbetont. Wisse: Der Zuhörer ist weit mehr über die »emotio« als über die »ratio« ansprechbar, will es aber nicht wahrhaben, daß er mehr emotional als rational reagiert.

Ihre Rede muß überschaubar sein. Nicht die Fülle an Fakten und Wissen entscheidet, sondern das Verstehen dessen, was Sie vortragen. Weniger an Fakten bedeutet oft mehr an Verstehen von Zusammenhängen.

Arbeiten Sie auf den Höhepunkt hin. Und dieser ist prinzipiell am Ende Ihres Vortrags. Entweder mit einer Zusammenfassung oder mit dem schlagkräftigsten Argument beschließen Sie Ihre Rede.

4. Was erwarten die Zuhörer von Ihrer Rede und von Ihnen?

Lernziele

Nach Durcharbeiten dieses Abschnitts sollten Sie wissen,

- welche Erwartungen die Zuhörer an eine Rede stellen,
- wie man als Redner diesen Erwartungen Rechnung tragen kann.

a) Psychologische Hintergründe:

Ihre Zuhörer wollen von Ihnen bzw. von Ihrem Referat

- informiert werden,
- überzeugt werden,

- über Sachverhalte aufgeklärt werden,
- Anregungen erhalten,
- unterhalten werden.

Also informieren Sie, überzeugen Sie, klären Sie auf, regen Sie an und/oder unterhalten Sie Ihre Zuhörer.

Eine gute Rede ist ein Dialog, auch wenn Sie allein sprechen. Mit Ihren Augen, gerichtet auf das Publikum, spüren Sie, wie das Publikum auf das Gesagte reagiert.

Jede Veranstaltung wird beeinflußt durch äußere Bedingungen. Zu ihnen gehören u.a. die Größe eines Saales. Ist ein Saal zu groß, so haben die Zuhörer den Eindruck des Verlorenseins, der Peinlichkeit, und das Gefühl, eine Minderheit zu sein, bemächtigt sich der Hörer. Kommen mehr Besucher, als der Saal faßt, so lassen Sie zusätzlich Stühle bringen. Sofort entsteht das Gefühl des Interesses, der Aufgeschlossenheit und des Engagements. Es kann zu Störungen kommen. Z.B. will die Bedienung Ihre Hörer mit Getränken »beglücken«. So schön es auch ist, nicht »trocken« zuhören zu müssen, so sehr stört aber auch die herumlaufende Bedienung Ihren Vortrag. Deshalb tragen Sie dafür Sorge, daß die Bedienung *vor* Ihrer Rede die Gäste bedient, während des Vortrages aber keine Getränke serviert werden. Nach dem Vortrag und während der Diskussion ist es durchaus möglich, den Wunsch der Hörer nach weiteren Getränken zu erfüllen. Sorgen Sie weiterhin dafür, daß Ihre Veranstaltung in einem geschlossenen Raum stattfindet und nicht im Lokal selbst. Eine lebhafte Stammtischrunde kann Sie und Ihre Hörer ablenken.

Entscheidend für den Erfolg ist immer, daß die Hörer durch nichts abgelenkt werden und sich voll auf Ihren Vortrag konzentrieren können. Beeinflußt werden kann eine Veranstaltung auch durch falsche Temperaturen. Ist es im Raum zu warm, ist zu befürchten, daß die Hörer mit Müdigkeit zu kämpfen haben. Fast ebenso unangenehm aber ist ein zu kalter Saal. Lassen Sie vor Ihrem Vortrag entweder lüften oder heizen. Berücksichtigen Sie ebenfalls den zeitlichen Rahmen. Eine für 20 h geplante Veranstaltung sollte wenige Minuten nach 20 h beginnen und spätestens gegen 22 h beendet sein. Beginnen Sie erst um 20.30 h, so bestrafen Sie die Pünktlichen und belobigen die Unpünktlichen. Auch das offizielle Ende Ihrer Vortragsveranstaltung ist wichtig für den Erfolg. Da prinzipiell nicht über alles geredet und diskutiert werden kann, sollten Sie oder Ihr Versammlungsleiter dafür Sorge tragen, daß zwischen 21.45 h und 22 h die Veranstaltung beendet ist, zumindest der offizielle Teil. Wollen die Gäste noch etwas verweilen, so können sie dies durchaus, aber das Schlußwort sollte gesprochen sein, damit diejenigen nach Hause gehen können, die am nächsten Morgen wieder früh aufstehen müssen. (Wer nicht ausgeschlafen hat, kommt aller Wahrscheinlichkeit nach nicht wieder zum nächsten Vortrag!)

Berücksichtigen Sie bei einem Seminar, *wann* Sie *was* den Zuhörern vorsetzen! Am Vormittag sind Ihre Seminarteilnehmer aufnahmefähig, mittags zumeist etwas müde, nachmittags aufgeschlossen, und der Abend dient der Entspannung. D.h., morgens können Sie Ihre Teilnehmer fordern, mittags *müssen* Sie Ihre Teilnehmer fordern. Es empfiehlt sich, Seminarteilnehmer am Nachmittag nicht zum Hören zu verurteilen. Lassen Sie Ihre Teilnehmer nachmittags etwas ausarbeiten! Die Teilnehmer müssen in der Zeit, in welcher sich Müdigkeit einschleichen kann, nicht zuhören, sondern aktiviert werden.

b) Ein Gedanke, der sich nicht in wenige Worte fassen läßt, verdient nicht, ausgesprochen zu werden.

Wie wahr! Und handeln Sie immer danach? An anderer Stelle habe ich schon einmal darauf hingewiesen, daß in der Kürze (Ihrer Rede) auch die Würze liegt. Jeder kennt den Satz Cäsars: »Veni, vidi, vici« (»Ich kam, sah, siegte«). Und jeder, der diesen Satz einmal gehört hat, behält ihn auch. Warum? Weil in ganz wenigen und auch klaren Worten das Wesentliche gesagt ist. Dieser Satz in unserer Zeit in das Paragraphen- und Verwaltungsdeutsch übertragen, würde folgendermaßen lauten: »Nach Erreichung der hiesigen Örtlichkeiten und Besichtigung derselben war mir die Erringung des Sieges möglich.« Meinen Sie, daß dies Ihren Hörern auch später noch in Erinnerung ist? Haben Sie es nötig, sich umständlich und u.U. dadurch mißverständlich auszudrücken? Nachfolgende Beispiele verdeutlichen Ihnen, daß Wesentliches zumeist nur mit wenigen Worten gesagt werden sollte. Die Verordnung der Europäischen Gemeinschaft über den Import von Karamelerzeugnissen besteht aus 26.100 Wörtern. Die amerikanische Unabhängigkeitserklärung ist dagegen nur 56 Wörter lang. Das Vaterunser besteht aus 55 Wörtern, der 23. Psalm aus 118 Wörtern und die Zehn Gebote aus 297 Wörtern. Die Verordnung des amerikanischen Landwirtschaftsministeriums über den Kohlpreis: 15.629 Wörter!!! Sagen Sie der langatmigen und komplizierten Sprechweise den Kampf an! Sie haben es nicht nötig, sich wortreich zu gebärden! Vergessen Sie bitte nicht, daß Ihre Hörer zuhören müssen (und dies nur eine gewisse Zeit können)! Auch zuhören will gelernt sein!

Auch Sie müssen lernen zuzuhören! Denn Menschen, die zuhören können, wirken auf andere sympathisch. Hören Sie richtig zu, Sie können dann auch besser auf Fragen und auf Einwände reagieren. Zumeist denken wir bei an uns gerichtete Fragen bereits über die Antwort, die wir geben wollen, nach und hören somit nicht all das vom Fragenden Gesagte. Demzufolge beantworten wir seine Frage nicht korrekt. Und aktives Zuhören ist ebenfalls erlernbar! Vergessen Sie nicht: Wenn Sie nur selbst reden, erfahren Sie nichts Neues. In den USA und jetzt auch in Deutschland und Europa werden für Manager Zuhör-Seminare angeboten: Vergessen Sie auch nicht, daß die Aufnahmefähigkeit eines jeden Menschen begrenzt ist.

Immer wieder führe ich in meinen Rhetorikseminaren folgendes Spiel durch: Ich verlese neueste Nachrichten, sage aber vor dem Verlesen nicht, was ich mit dieser Übung bezwecken will. Zumeist sind es 16–20 Meldungen. Nach dem Vorlesen bittc ich die Hörer niederzuschreiben, was sie behalten haben. Ergebnis: Gemerkt wurden die ersten 2–3 Meldungen sowie die letzten 2–3 Meldungen. – Und dazwischen verlesene Nachrichten erhalten die wenigsten Punkte. Merke: Hörer behalten das, was zu Beginn und was am Ende vorgetragen wird. Also: Bringen Sie das Ihnen am wichtigsten Erscheinende entweder am Anfang oder am Ende Ihres Vortrages. Vergessen Sie auch nicht, daß ein Mensch sich zumeist nur das merkt (und hört), was er behalten (hören) will. Sie müssen auf die Bedürfnisse Ihrer Hörer eingehen.

5. Einführung in die Kinesik

Lernziele

> Nach Durcharbeiten dieses Abschnitts sollten Sie wissen,
>
> - was unter Kinesik zu verstehen ist,
> - welche Bedeutung Gestik und Mimik bei einer Rede haben,
> - warum und welche Art von Blickkontakt bei einer Rede einzusetzen ist.

Kinesik ist die Wissenschaft, die sich mit der Erforschung nichtverbaler Kommunikation (z.B. Gestik und Mimik) befaßt.

Was Sie sagen, ist nicht nur hörbar, sondern auch sichtbar! Auch der Stumme erahnt vieles von dem, was Sie sagen. Immer wieder werde ich gefragt: Darf ich mich als Redner überhaupt bewegen, darf ich die Hände einsetzen, und wohin soll ich während der Rede blicken? Sie dürfen sich nicht nur, Sie müssen sich körperlich ausdrücken! Sprechen ist eine Bewegungsübung und keine Haltungsübung. Beobachten Sie einmal Menschen im Gespräch. Sie werden feststellen, daß, je nach Temperament, mehr oder weniger Gestik zu erkennen ist. Auch der ruhige Mensch bringt Gestik (ohne sich darüber im klaren zu sein, daß er seine Hände eingesetzt hat). Wenn Sie Ihre Nervosität überwunden haben, setzen Sie auch Ihre Hände ein. Lampenfieber hingegen verhindert die Gestik. Bei Übungen während der von mir durchgeführten Rhetorikseminare erkenne ich an der gebrachten oder noch fehlenden Gestik, ob der Teilnehmende noch Lampenfieber hat oder nicht. Je lockerer und gelöster der Redner ist, um so natürlicher und ausdrucksstärker ist seine Gestik. Goethe erkannte bereits die Bedeutung der Körpersprache, als er schrieb: »Nichts ist drinnen, nichts ist draußen: denn was innen, das ist außen.«

Wer verkrampft und schlaff am Pult steht, macht auf seine Hörer einen schlechten Eindruck, da Haltungsfehler zu hören und zu sehen sind. Wer sich auf dem Pult aufstützt, bringt keine Gestik und wirkt deshalb leicht verkrampft. Wie jede Vorgabe einer Rede ist auch die Körperhaltung an die Charakteristika des Redners auf der einen Seite und an den Sprechanlaß gebunden. Je sicherer Sie als Redner sind, um so intensiver setzen Sie die Hände ein und nicht nur die Hände, sondern auch die Arme und den Oberkörper.

Zu warnen ist vor dem künstlichen Einsatz der Hände. Der Hörer sieht, wenn Sie sich um der Gestik willen um Gestik bemühen. Tun Sie alles, um schnell sicher zu werden, und die Hände tun das, was richtig ist (und auch beim Publikum ankommt). Sie erleichtern den Einsatz Ihrer Hände, wenn Sie Ihre Hände weder hinten noch vorn verschränken, nicht in die Hosen- oder Jackentasche stecken und auch nicht mit Gegenständen spielen.

Stehen Sie bei einer Rede locker vor dem Publikum, insbesondere auf beiden Beinen. Sie sollen in jeder Beziehung auch in der Haltung einen »Standpunkt« haben, d.h. mit beiden Beinen fest auf dem Boden stehen. Ihre Haltung sollte nicht gespielt, sondern natürlich sein (natürlich heißt, Ihrem Naturell entsprechend). Gespielte Haltung ist gekünstelte Haltung, und diese kommt beim Publikum nicht an. »Charme zur Haltung gemacht, ist etwas Fürchterliches. Waffenstillstand mit der eigenen Lüge«, formulierte treffend einmal Max Frisch.

Wenn ich die Gestik eines Redners beobachte, weiß ich, was für ein Mensch dieser Redner ist. Er zeigt viel von seinem Denken und Fühlen im Einsatz seiner Hände. Öffnet ein Redner die Arme und zeigt mit der Handfläche auf sich selbst, so können Sie sicher sein, daß dieser Mensch ein aufgeschlossener Mensch ist. Zeigt er hingegen mit der Handfläche zum Publikum hin, so wissen Sie, daß er auf Distanz zum Publikum geht (ohne es selbst zu wissen). Er ist mit Sicherheit der verschlossenere, auf Distanz gehende Redner.

Im folgenden sind einige körpersprachliche Signale und ihre Bedeutungen aufgelistet:

1.	Die Arme verschränken	bedeutet	Ablehnung, Angst, Schutzbedürfnis, Verschlossenheit
2.	Mit dem Finger zeigen	bedeutet	Wut, Angriff
3.	Die Augenbrauen heben	bedeutet	Überheblichkeit, Arroganz oder Ungläubigkeit
4.	Finger zum Mund führen für eine kurze Zeit	bedeutet	Verlegenheit, Unsicherheit
5.	Finger zum Mund führen für längere Zeit	bedeutet	Nachdenklichkeit, Skepsis
6.	Kurz an die Nase greifen	bedeutet	Verlegenheit
7.	Sich am Kopf kratzen oder fassen	bedeutet	Unsicherheit, Verlegenheit
8.	Sich die Hände reiben	bedeutet	Zufriedenheit, Selbstgefälligkeit
9.	Die Hand zur Faust verkrampfen	bedeutet	Wut, Zorn
10.	Füße um Stuhlbeine legen	bedeutet	Halt suchen, Unsicherheit
11.	Den Kopf einziehen	bedeutet	Nervosität, Angst
12.	Den Körper weit zurücklehnen	bedeutet	Überheblichkeit, Arroganz
13.	Beine übereinander-schlagen	bedeutet	Lockerheit, Aufbau eines Sympathie-feldes
14.	Die Fingerkuppen aufeinanderpressen	bedeutet	Genauigkeit, Präzision

Mit Sicherheit haben Sie des öfteren diese Bewegungen und Haltungen gesehen und erlebt. Haben Sie sich schon einmal Gedanken darüber gemacht, was folgende Bewegungen und Haltungen des Gesprächspartners bedeuten könnten?

1. Die Lippen zusammenpressen	könnte bedeuten	....
2. Die Hände in die Hüfte stemmen	könnte bedeuten	....
3. Brille putzen	könnte bedeuten	....
4. Mit dem Bleistift spielen	könnte bedeuten	....
5. Mit der Hand über die Stirn fahren	könnte bedeuten	....
6. Den Blick abwenden	könnte bedeuten	....
7. Den Zeigefinger heben	könnte bedeuten	....
8. Mit den Fingern trommeln	könnte bedeuten	....

Interpretieren Sie weitere Beobachtungen, die Sie an anderen Menschen gemacht haben, und Ihnen wird klar, was Körpersprache über den Mitmenschen aussagen kann.

Was sagen die Zeichnungen auf der folgenden Seite aus? Interpretieren Sie das Verhalten!

Zu Beginn dieses Abschnittes wies ich darauf hin, daß zur Kinesik nicht nur Gestik, sondern auch Mimik gehört sowie der Blickkontakt. Unter Mimik verstehe ich das Gebärden- und Mienenspiel

Wie wirkt ein Gesicht?

als Nachahmung fremden oder als Ausdruck eigenen seelischen Erlebens. Ein freundliches Wesen, ein Lächeln kann bei den Zuhörern Entspannung und Aufgeschlossenheit auslösen. Ein Lächeln ist die kürzeste Distanz zwischen Redner und Publikum. Natürlich darf ein Lächeln kein aufgesetztes Lächeln sein; es muß das Wesen des Lächelnden widerspiegeln. Meinen Teilnehmern lege ich immer wieder folgende vier Buchstaben auf einer Folie vor:

L . . .   m . . .   a . . .   A . . .

und frage sie, ob sie diese vier Buchstaben erklären können. Zumeist denken die Teilnehmer an ein bekanntes Zitat aus Goethes »Götz von Berlichingen«. Weit gefehlt: Diese vier Buchstaben bedeuten:

L ächle **m** ehr **a** ls **A** ndere!

Horaz schrieb in seinen Satiren: »Ridentem dicere verum« (»Lächelnd die Wahrheit sagen«). Spreche ich etwas lächelnd aus, so spüre ich als Angesprochener Verstehen und Verständnis, mag das Gesagte auch nicht gerade angenehm sein. Mit einem Lächeln wird selbst Unangenehmes ertragbar oder erträglicher.

Nach der Gestik und der Mimik sollen Sie auch über den dritten Bereich der Kinesik informiert werden. Ihr Blick ins Publikum und zum Gesprächspartner sollte offen sein. Beißen Sie sich nicht mit Ihrem Blick an der Decke oder am Fußboden fest, erst recht nicht an einem Ihrer Zuhörer, sondern schauen Sie offen in die Runde. Stehen Sie während Ihrer Rede und sitzen Sie nicht, damit Sie einen guten Blickkontakt zu Ihren Zuhörern haben und Reaktionen beim Publikum rechtzeitig sehen. (Erinnern Sie sich: Das Verhältnis Blick – Publikum zu Blick – Manuskript soll 7:3 sein.)

Mit Blickkontakt

- verstärken Sie Ihre Aussagen,
- bauen Sie eine wechselseitige Beziehung zu Ihrem Gesprächspartner bzw. Publikum auf,
- stellen Sie sich auch auf Ihre Zuhörer/Gesprächspartner ein.

Zu den Untugenden mancher Redner gehört, daß sie sich an einem Zuhörer mit dem Blick festbeißen. Dies hat zur Folge, daß dieser Redner sich lange Zeit nicht von seinem »Medium« löst und somit nicht erfährt, wie weitere Zuhörer auf sein Referat reagieren. Deshalb merke: Wechsle häufig die Blickrichtung, beziehe alle Zuhörer ein, blicke in die Runde, aber erstarre nicht mit dem Blick. Schau die Zuhörer an und nicht über sie hinweg (und erst recht nicht aus dem Fenster).

Sie kennen das Wort: »Blicke können töten«. Ein Beispiel: Schaut Sie ein Gesprächspartner von oben herab an, so entstehen bei Ihnen gewisse Aggressionen, da Sie den Eindruck haben, daß Ihr Gesprächspartner arrogant und überheblich ist. Dementsprechend reagieren Sie auf das von ihm Gesagte. Schaut er Sie offen und nicht von oben (und auch nicht von unten nach oben) an, so ist verständlicherweise das Klima für das Gespräch auch positiv. Messen Sie Ihrem und dem Blick anderer eine große Bedeutung zu, denn »kann der Blick nicht überzeugen, überredt die Lippe nicht«. (Grillparzer, »Ahnfrau«)

Zusammenfassung

Die Wirkung einer Rede hängt ab von

- der Bedeutung der Worte (Worte können positiv und negativ wirken),
- von den Erwartungen der Zuhörer,
- vom Aufbau der Rede,
- von Aussehen und Auftreten des Redners,
- von Elementen der nicht-verbalen Kommunikation (körpersprachliche Signale, Mimik, Gestik, Blickkontakt).

Der Erfolg einer Rede hängt auch wesentlich von der persönlichen Wirkung des Redners ab. Ein Redner sollte seine persönlichen Wirkungsmittel – Stärken und Schwächen – kennen. Er sollte seiner Persönlichkeit entsprechend reden und auftreten.

Der Versuch, persönliche Eigenarten – etwa in der Ausdrucksweise, Dialektfärbung, Gestik etc. – zu verändern oder zu unterdrücken, wirkt gekünstelt und beeinträchtigt die Glaubwürdigkeit des Redners.

Wiederholungsfragen

Nennen Sie fünf positiv besetzte Begriffe!

Nennen Sie fünf negativ besetzte Begriffe!

Wann bringen Sie in einer Rede Ihr bestes Argument?

Übungsaufgabe

Sie haben sich um eine besser bezahlte Führungsaufgabe beworden und gehören zu den drei aussichtsreichsten Kandidaten bei der Vorstellungsrunde.

Schreiben Sie auf, worauf Sie in Ihrer Vorstellungsrede auf keinen Fall verzichten dürfen!

IV. Rhetorische Darstellungsmittel

Reden werden viele gehalten, gute Reden sind schon seltener. Und Ihre Rede soll eine gute und überzeugende Rede werden. Der richtige und zweckgemäße Einsatz rhetorischer Darstellungsmittel führt dazu, daß Ihre Rede bei Ihren Zuhörern einen positiven Eindruck hinterläßt. Demzufolge muß ich rhetorische Darstellungsmittel kennen, damit ich sie dann auch erfolgreich einzusetzen in der Lage bin.

Lernziele

Nach Durcharbeiten dieses Kapitels sollten Sie

- verschiedene rhetorische Darstellungsmittel kennen,
- wissen, zu welchem Zweck diese Mittel eingesetzt werden können.

1. Wollen Sie anschaulich und wirkungsakzentuiert sprechen, setzen Sie folgende Mittel ein:

Beispiel, Einzelheiten:

Bringen Sie Beispiele, die Ihre Zuhörer verstehen und unter denen sie sich etwas vorstellen können. Bringen sie Einzelheiten (Details). Der Zuhörer muß sich unter dem von Ihnen Gesagten etwas vorstellen können.

Was bedeutet »Bildsprache«? Dazu einige Beispiele:

»Schüchtern wie ein Lamm.«

»Schlau wie ein Fuchs.«

»Dickhäutig wie ein Walroß.«

Vergleiche:

Vergleichen Sie miteinander; schwarz – weiß, Ost – West. Wenn Sie etwas miteinander vergleichen, versteht Ihr Zuhörer, was Sie meinen und aussagen. Vergleiche bewirken Verstehen und Erkennen von Zusammenhängen.

Bildsprache:

Bildhafte Ausdrucksweisen lassen die Zuhörer leichter erkennen, was Sie aussagen wollen. Sprechen Sie eine bildhafte Sprache.

Erzählende Form:

»Stellen Sie sich vor, meine Damen und Herren, vor einiger Zeit sprach ich mit einem Bekannten über das Thema ›Tempo 100‹ auf allen Autobahnen. Und dieser Bekannte meinte, daß es sinnvoll sei, eine Geschwindigkeitsbegrenzung auf allen deutschen Autobahnen einzuführen.« Die erzählende Form kommt bei den Zuhörern weit besser an als z.B.: Ich bin der Meinung, Tempo 100 soll in Deutschland auf allen Autobahnen eingeführt (nicht eingeführt) werden.

Zeichnungen, Folien usw.:

»Ein Bild sagt mehr als 1000 Worte.« Arbeiten Sie mit Folien, mit Filmen, mit Kreide auf der Tafel. Nutzen Sie viele der Ihnen zur Verfügung stehenden Hilfsmittel. Kaum ein Vortrag – ausgenommen der Festvortrag – wird von mir ohne Einsatz von technischen Hilfsmitteln gehalten. Im Einsatz Ihrer Hilfsmittel müssen Sie beweglich sein. Versteifen Sie sich nicht auf Tafel, Flipchart, Overheadprojektor, denn Sie wissen nicht, ob Ihnen diese Hilfsmittel auch überall zur Verfügung stehen (oder funktionieren!). Sie sollten Hilfsmittel einzusetzen in der Lage sein, aber ebenso sollten Sie in der Lage sein, auf diese wertvollen Hilfen zu verzichten bzw. verzichten zu müssen, wenn sie nicht vorhanden sind oder nicht funktionieren. Arbeiten Sie mit Folien, vergessen Sie bitte nicht, daß die Folie nur ein Hilfsmittel und kein Selbstzweck ist. Projizieren Sie nicht den gesamten Text via Folie an die Wand. Decken Sie bitte immer nur das auf, was für den Moment wichtig bzw. von Interesse ist. Den gesamten Text an die Wand zu projizieren bedeutet, daß der Zuhörer auch alles liest (und nicht nur das, was für ihn momentan von Interesse ist). Schreiben Sie nicht zu viel auf die Tafel bzw. Folie, es könnte den Zuhörer langweilen, wenn Sie ihm 10 Minuten den Rücken zuwenden. Verteilen Sie an Ihre Zuhörer Material, dann bitte nicht alle Blätter zugleich, denn dann würde der Hörer auch alles lesen wollen (und hört Ihnen nicht mehr zu). Lassen Sie Ihre Hörer selbst auch einiges mitschreiben. Was der Hörer schwarz auf weiß besitzt, versteht er im Moment Ihres Vortragens, aber vielleicht nicht mehr später bei Durchsicht seiner Seminarunterlagen.

2. Wollen oder müssen Sie eindringlich sprechen, so können Sie folgende rhetorische Darstellungsmittel einsetzen:

Wiederholung:

Was Sie zweimal gesagt haben, davon können Sie ausgehen, haben Ihre Hörer behalten (denn lediglich 20 % bleibt in der Regel beim Publikum haften). Doppelt gesagt haftet besser.

Verdeutlichung:

Verdeutlichen Sie dem Zuhörer, was Sie gesagt haben, eventuell mit dem Wort »das heißt«. Sie sagen, und zwar mit anderen Worten, das soeben Gesagte noch einmal. Der Hörer hört es noch einmal und merkt, daß Sie auf diesen Aspekt viel Wert legen und dieser Punkt demzufolge wichtig ist. Achtung!! Wiederholen und verdeutlichen können Sie nur ein- oder zweimal in Ihrem Vortrag. Ständige Wiederholung verliert an Wirkung.

Raffung:

Was Sie gerafft vortragen, wird leichter vom Hörer behalten. Beispiel für Weitschweifigkeit: »Gestatten, daß ich mich Ihnen vorstelle. Mein Name ist ›Weitschweifigkeit‹. Mit diesem meinem Namen sind meine Eigenschaften, also die für mich typischen Merkmale, an denen man mich erkennen kann, schon angedeutet. Denn ich liebe es, viele Worte zu machen oder anders herum ausgedrückt, ich hasse es, mich kurz auszudrücken und mich auf das Allerwichtigste zu beschränken.« Beispiel für Kürze und Prägnanz: »Mein Name ist Kürze. Ich liebe, mich klar und prägnant auszudrücken.«

Zitat:

Ein zur richtigen Zeit vorgetragenes Zitat kann besser sein als ein Argument, denn Sie bemühen eine »Prominenten« und machen sich seinen Ausspruch zunutze. Setzen Sie Zitate ein (aber bitte nur wenige und zugkräftige Zitate). Wenn Sie Prominente zitieren, sollten Sie das Zitat auch genau kennen. Insbesondere sollten Sie wissen, wenn Sie zitieren, wer es gesagt hat. Verzichten Sie auf ein Zitat, wenn Sie nicht genau wissen, wer es gesagt hat. Es hat keinen Zweck, zu sagen, daß dieses Zitat aller Voraussicht nach von Karl Marx sei, Sie aber nicht genau wissen, ob es vielleicht auch Karl May gesagt haben könnte!

Kreuzstellung:

Die Kreuzstellung von Worten ist eine besondere Form einer Darstellung, die eindringlich auf die Hörer wirkt. Dazu ein Beispiel. »Pläne machen ist leicht, sie durchzuführen schwer.«

3. Jeder Redner ist bemüht, Spannungen in und mit seiner Rede zu erzeugen. Um Spannungen zu erzeugen, sind folgende Darstellungsmittel angebracht:

Steigerung:

Arbeiten Sie in Ihrer Rede auf den Höhepunkt stetig und zielstrebig hin. Steigern sie sich und auch den Einsatz von Argumenten. Bringen Sie nicht Ihr bestes Argument am Anfang Ihrer Rede. Bringen Sie Ihr bestes Argument am Schluß (ein guter Schluß ziert alles!). Natürlich sollten Sie nicht mit dem schwächsten bzw. schlechtesten Argument beginnen.

Eine gute, spannungsreiche Rede sieht folgendermaßen aus:

Rede-Anfang 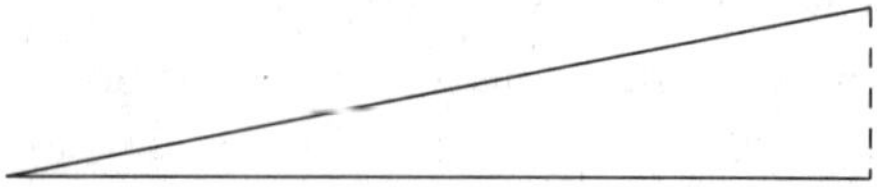 -Ende

Und so sieht eine weniger gute Rede aus:

Rede-Anfang 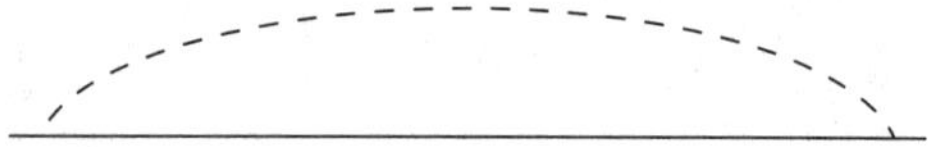 -Ende

Gegensatz:

Gegensätze, die Sie in Ihrer Rede aufzeichnen, wirken auf die Zuhörer prinzipiell spannend. Also zeigen Sie Gegensätze auf.

Kette:

Sprechen Sie in Kettenform. Dieses Stilmittel wird an Beispielen besonders deutlich. Lenin sagte einmal, wobei es mir jetzt nicht um das Zitat selbst, sondern um das darin zum Ausdruck Gekommene geht: »Wer Berlin hat, hat Deutschland, wer Deutschland hat, besitzt Europa, und wer Europa hat, besitzt die Welt.« In Kettenform (Berlin – Deutschland – Europa – Welt) wird hier gefolgert. Die weiter unten abgedruckte Rede des Senators Robert F. Kennedy endet im übrigen auch in Kettenform.

Vorhalt:

Machen Sie Vorhalte, d.h., sagen Sie nicht zu Beginn schon alles. Formulieren Sie folgendermaßen: »Ich werde Ihnen meine Meinung zu der Frage, über die wir heute sprechen, sagen. (Aber sagen Sie bitte noch nicht Ihre Meinung). Machen Sie einen Vorhalt und sagen Sie Ihre Meinung erst, nachdem Sie verschiedene Standpunkte vorgetragen haben, so zum Beispiel: »Nach allen Ihnen vorgetragenen Überlegungen bin ich selbst zu dieser Überzeugung gekommen . . .« (Und jetzt lassen Sie Ihre Überzeugung in Ihr Referat einfließen.)

Ankündigung:

Eine Ankündigung in Ihrer Rede wird ihren Sinn nicht verfehlen. Eine gewisse Spannung geht z.B. von der Formulierung aus: »Sie werden staunen, wenn ich Ihnen sage . . .«

4. **Wollen Sie Ihren Hörern etwas anschaulich und ästhetisch vortragen, so stehen Ihnen folgende rhetorische Hilfsmittel zur Verfügung:**

Das Wortspiel:

Spielen Sie mit Worten, denn ein Wortspiel wirkt auf Hörer ästhetisch und anschaulich. Dazu wiederum ein Beispiel: »Wir fürchten keine Verhandlungen, wir werden aber niemals aus Furcht verhandeln.« Wer überdenkt nicht ein solches gelungenes Wortspiel! Ein weiteres Wortspiel: »Wer nichts weiß und weiß, daß er nichts weiß, weiß viel mehr als der, der nichts weiß und nicht weiß, daß er nichts weiß.«

Die Anspielung:

Sie ist ein rhetorisches Darstellungsmittel, etwas anschaulich und ästhetisch zugleich zu sagen. Beispiel: Sie bezichtigen jemanden der Lüge. Sie könnten zu ihm sagen: »Du lügst« (oder hast gelogen). Mit einer Anspielung aber können Sie es ihm noch anschaulicher, ästhetisch-anschaulich, machen. Formulieren Sie z.B. so: »Sicherlich ist dir das Sprichwort ›Lügen haben kurze Beine‹ bekannt. Dieses Sprichwort aber stimmt nicht immer, denn du hast relativ lange Beine.«

Die Umschreibung:

Sie ist eine weitere Möglichkeit, etwas ästhetisch-anschaulich anzudeuten. Beispiel: Sie wollen etwas Nettes, Schönes und Liebenswertes über Italien sagen. Sie könnten formulieren: »Italien, ein Land, in welchem wir unter südlicher Sonne den Urlaub verbringen können, ein Land, welches kunsthistorisch mit zu den wertvollsten Ländern der Erde zählt ...« Drücken Sie sich ästhetisch-anschaulich aus, so sagen Sie: »Italien, das Land, in welchem die Zitronen blühn.« Das den meisten bekannte Goethe-Wort sagt dem Zuhörer anschaulicher, was Sie ausdrücken wollen.

Übertreibung:

Mit einer zuverlässigen Übertreibung können Sie Ihre Hörer wissen lassen, was Sie aussagen wollen. Beispiel: Sie berichten über den Besuch einer Bundestagssitzung, bei der Sie als Teilnehmer auf der Zuschauertribüne anwesend waren: »Da war die Hölle los.« Jeder weiß, daß dort nicht die Hölle los war, aber jeder weiß jetzt, daß es auf dieser Sitzung »heiß« hergegangen sein muß.

5. Beziehen Sie Ihre Hörer in Ihr Referat mit ein. Wollen Sie Ihre Hörer gewinnen, wollen Sie Ihre Hörer anschaulich-ästhetisch ansprechen, so setzen Sie folgende Darstellungsmittel ein:

Der Vorgriff:

Greifen Sie vor und sagen Sie: »Überlegen wir uns doch einmal die Folgen, was passieren würde, wenn ...« Sie beziehen Ihre Hörer in Ihr Denken mit ein. Der Hörer wird direkt von Ihnen angesprochen, er denkt also mit.

Die Scheinfrage:

Stellen Sie Scheinfragen, und Sie beziehen mit Ihrer Scheinfrage Ihre Hörer in Ihre Überlegungen ein. Beispiel: »Sind wir uns nicht darin einig, daß folgendes geschehen muß?« Sie fragen Ihre Hörer, ohne von Ihnen eine Antwort hören zu wollen. Sicherlich formulieren Sie Ihre an die Hörer gerichtete Frage so, daß diese Ihnen zustimmen werden, auch wenn Sie die Antworten gar nicht wissen und hören wollen. Beginnt hier nicht, so werden Sie fragen, die Manipulation? Sie beginnt weit früher. Wenn Sie auftreten, sprechen, manipulieren Sie bereits Ihre Hörer. Sie nehmen bewußt und gezielt Einfluß auf Menschen, zu denen Sie sprechen, und zwar ohne deren (bewußten) Willen. Immer wieder höre ich die Meinung, Manipulation müsse unterlassen werden. Wer dies behauptet, steht mit beiden Beinen fest in der Luft. Manipulation ist nicht zu vermeiden. Aber eines können Sie erreichen: Sie wissen, zur Manipulation gehören zwei. Einer, der manipuliert, und ein zweiter, der sich manipulieren läßt. Setzen Sie beim zweiten an und tragen Sie dafür Sorge, daß er sich nicht mehr so leicht manipulieren läßt und die Manipulation durchschaut.

Das Mitverstehen:

Es ist eine letzte Möglichkeit, Ihre Hörer in das von Ihnen vorgetragene Geschehen miteinzubeziehen. Beispiel: Wenn Sie in Ihrem Referat sagen, »Bonn ist nicht Weimar«, so weiß jeder Zuhörer, daß Sie nicht die Stadt Bonn mit der Stadt Weimar, sondern die Bundesrepublik Deutschland mit der Weimarer Republik vergleichen.

6. Kurt Tucholsky: Ratschläge für einen schlechten Redner

»Fang nie mit dem Anfang an, sondern immer drei Meilen vor dem Anfang! Etwa so:

»Meine Damen und meine Herren! Bevor ich zum Thema des heutigen Abends komme, lassen Sie mich Ihnen kurz ...« Hier hast du schon so ziemlich alles, was einen schönen Anfang ausmacht: eine steife Anrede; der Anfang vor dem Anfang; die Ankündigung, daß und was du zu sprechen beabsichtigst, und das Wörtchen kurz. So gewinnst du im Nu die Herzen und die Ohren der Zuhörer. Denn das hat der Zuhörer gern: daß er deine Rede wie ein schweres Schulpensum aufbekommt; daß du mit dem drohst, was du sagen wirst, sagst und schon gesagt hast. Immer schön umständlich!

Sprich nicht frei – das macht einen so unruhigen Eindruck.

Am besten ist es: Du liest deine Rede ab. Das ist sicher, zuverlässig, auch freut es jedermann, wenn der lesende Redner nach jedem viertel Satz mißtrauisch hochblickt, ob auch noch alle da sind.

Wenn du gar nicht hören kannst, was man dir so freundlich rät, und du willst durchaus und durchum frei sprechen ... du Laie! Du lächerlicher Cicero! Nimm dir doch ein Beispiel an unseren professionellen Rednern, an den Reichstagsabgeordneten – hast du die schon mal frei sprechen hören? Die schreiben sich sicherlich zu Hause auf, wann sie »Hört! Hört!« rufen ... ja, also wenn du denn frei sprechen mußt:

Sprich, wie du schreibst. Und ich weiß, wie du schreibst.

Sprich mit langen, langen Sätzen – solchen, bei denen du, der du dich zu Hause, wo du ja die Ruhe, deren du so sehr benötigst, deiner Kinder ungeachtet, hast, vorbereitest, genau weißt, wie das Ende ist, die Nebensätze schön ineinandergeschachtelt, so daß der Hörer, ungeduldig auf seinem Sitz hin und her träumend, sich in einem Kolleg wähnend, in dem er früher so gern geschlummert hat, auf das Ende solcher Periode wartet ... Nun, ich habe dir eben ein Beispiel gegeben. So mußt du sprechen.

Fang immer bei den alten Römern an und gib stets, wovon du auch sprichst, die geschichtlichen Hintergründe der Sache. Das ist nicht nur deutsch – das tun alle Brillenmenschen. Ich habe einmal in der Sorbonne einen chinesischen Studenten sprechen hören, der sprach glatt und gut französisch, aber er begann zu allgemeiner Freude so: »Lassen Sie mich Ihnen in aller Kürze die Entwicklungsgeschichte meiner chinesischen Heimat seit dem Jahre 2000 vor Christi Geburt ...« Er blickte ganz erstaunt auf, weil die Leute so lachten.

So mußt du das auch machen. Du hast ganz recht: man versteht es ja sonst nicht, wer kann denn das alles verstehen, ohne die geschichtlichen Hintergründe ... sehr richtig! Die Leute sind doch nicht in deinen Vortrag gekommen, um lebendiges Leben zu hören, sondern das, was sie auch in den Büchern nachschlagen können ... sehr richtig: Immer gib ihm Historie, immer gib ihm.

Kümmere dich nicht darum, ob die Wellen, die vor dir ins Publikum laufen, auch zurückkommen – das sind Kinkerlitzchen. Sprich unbekümmert um die Wirkung, um die Leute, um die Luft im Saale; immer sprich, mein Guter. Gott wird es dir lohnen.

Du mußt alles in die Nebensätze legen. Sag nie: »Die Steuern sind zu hoch.« – das ist zu einfach. Sag: »Ich möchte zu dem, was ich soeben gesagt habe, noch kurz bemerken, daß mir die Steuern bei weitem ...« So heißt das.

Trink den Leuten ab und zu ein Glas Wasser vor – man sieht das gerne.

Wenn du einen Witz machst, lach vorher, damit man weiß, wo die Pointe ist.

Eine Rede ist, wie könnte es anders sein, ein Monolog. Weil doch nur einer spricht. Du brauchst auch nach vierzehn Jahren öffentlicher Rednerei noch nicht zu wissen, daß eine Rede nicht nur ein Dialog, sondern ein Orchesterstück ist: Eine stumme Masse spricht nämlich ununterbrochen mit. Und das mußt du hören. Nein, das brauchst du nicht zu hören. Sprich nur, lies nur, donnere nur, geschichtele nur.

Zu dem, was ich soeben über die Technik der Rede gesagt habe, möchte ich noch kurz bemerken, daß viel Statistik eine Rede immer sehr hebt. Das beruhigt ungemein, und da jeder imstande ist, zehn verschiedene Zahlen mühelos zu behalten, so macht das viel Spaß.

Kündige den Schluß deiner Rede lange vorher an, damit die Hörer vor Freude nicht einen Schlaganfall bekommen. (Paul Lindau hat einmal einen dieser gefürchteten Hochzeitstoaste so angefangen: »Ich komme zum Schluß.«) Kündige den Schluß an, und dann beginne deine Rede von vorn und rede noch eine halbe Stunde. Dies kann man mehrere Male wiederholen.

Du mußt dir nicht nur eine Disposition machen, du mußt sie den Leuten auch vortragen – das würzt die Rede.

Sprich nie unter anderthalb Stunden, sonst lohnt es gar nicht erst anzufangen.

Wenn einer spricht, müssen die andern zuhören – das ist deine Gelegenheit. Mißbrauche Sie.«

7. Kurt Tucholsky: Ratschläge für einen guten Redner

»Hauptsätze, Hauptsätze, Hauptsätze.

Klare Dispositionen im Kopf – möglichst wenig auf dem Papier.

Tatsachen, oder Appell an das Gefühl. Schleuder oder Harfe. Ein Redner sei kein Lexikon. Das haben die Leute zu Hause.

Der Ton einer einzelnen Sprechstimme ermüdet; sprich nie länger als vierzig Minuten. Suche keine Effekte zu erzielen, die nicht in deinem Wesen liegen. Ein Podium ist eine unbarmherzige Sache – da steht der Mensch nackter als im Sonnenbad.

Merke Otto Brahms Spruch: Wat jestrichen ist, kann nicht durchfalln.«

Keiner hat mit »Ratschläge für einen guten und einen schlechten

Redner« prägnanter dargestellt, wodurch sich dieser oder jener Redner auszeichnet als der Satiriker und Zeitkritiker Kurt Tucholsky. Mit großer Treffsicherheit und beißender Ironie führt er uns vor Augen, wie eine Rede sein bzw. nicht sein soll.

8. Aber wie sollte man reden?

»Jedes überflüssige Wort wirkt seinem Zweck gerad' entgegen.« Dieser kluge Satz des großen Philosophen Arthur Schopenhauer sollte uns allen immer wieder vor Augen führen, wie geredet werden soll!

Zwölf eiserne Regeln zur rednerischen Unfallverhütung

Beherzigen Sie nachfolgende zwölf eiserne Regeln, die Prof. Maximilian Weller jedem Redner in seinem Werk »Das Buch der Redekunst« mit auf den Weg gibt:

12 eiserne Regeln zur rednerischen Unfallverhütung

1. Reden ist erlernbar!

2. Übe dich in der Technik des Sprechens!

3. Hemmungen abüben – Sprechdenken anüben!

4. Eine Rede ist keine Schreibe!

5. Erfasse scharf das Redethema!

6. Gib der Rede Grundriß, Gliederung, Aufbau!

7. Zurüchhaltend, aber spannend einleiten – wuchtig, aber überlegen schließen!

8. Wisse, wolle, wirke!

9. Beweise steigern, Einwände vorwegnehmen!

10. Allein der Vortrag macht des Redners Glück!

11. Sprich ein gutes, klares, »anhörliches« Deutsch!

12. Übung ist alles!

(M. Weller, »Buch der Redekunst«)

Kurzinterpretation der 12 eisernen Regeln:

Zu 1.:
Reden ist erlernbar!
Kein guter Redner ist vom Himmel gefallen, jeder Redner hat sich diese Gabe durch Übung und nochmals Übung angeeignet. Reden ist erlernbar!! Das müssen Sie wissen, daran müssen Sie fest glauben! Reden lernen Sie also nur durch reden. Die Anlage des Redenkönnens ist bei fast jedem Menschen vorhanden. Sie muß allerdings ent- und weiterentwickelt werden.

Zu 2.:
Übe dich in der Technik des Sprechens!
Nehmen Sie jede Gelegenheit wahr zu reden. Wenn Sie jetzt ein-

wenden, es gibt zu wenig Gelegenheiten dazu, so widerspreche ich: Wie oft haben Sie bei einer Diskussion nach einer Rede etwas sagen wollen, sich aber nicht dazu durchringen können, den Mund zu öffnen. Warum schweigen Sie? Weil Sie den Mut nicht hatten, etwas zu sagen, oder weil Sie befürchteten, sich zu blamieren. Überwinden Sie diese Ängste. Argumentieren Sie. Diejenigen, die sich immer zu Wort melden, wissen nicht immer mehr als Sie!

Sie wissen sicher aus Erfahrung, daß unser Sprechen sowohl durch körperliche Voraussetzungen wie auch durch seelische Faktoren beeinflußt wird. Körperliche Voraussetzungen sind die Stimme, das Atmen, das Wohlbefinden; seelische Faktoren sind u.a. das Bild, das Sie von sich selbst haben. Auch Ihre Erwartungen, Ihre Stimmungen und Ihr Wissen gehören dazu. »Das Verständlichste an der Sprache ist nicht das Wort selbst, sondern Ton, Stärke, Modulation, Tempo, mit denen eine Reihe von Worten gesprochen wird – kurz, die Musik hinter den Worten, die Leidenschaft hinter dieser Musik, die Person hinter dieser Leidenschaft: alles das also, was nicht geschrieben werden kann.« (Nietzsche)

Vor dem Sprechen-Lernen müssen Sie Hören-Lernen. Zu selten denken Redner darüber nach, daß Sie auch Sprechvorbild sind. Seminarteilnehmer, die zu Rhetorikseminaren kommen, hören zunächst Ihren Lehrer. Sie sind bzw. sollten Vorbild sein!

Zu 3.:
Hemmungen abüben – Sprechdenken anüben!
Nur Hemmungslose haben kein Lampenfieber. Aber hemmungslos sollen Sie nie sein. Hemmungen sind natürlich und selbstverständlich, und jeder Redner kennt sie. Am schnellsten werden Sie Ihre Redehemmungen überwinden, wenn Sie ein gesundes Selbstbewußtsein haben und den Gegenstand, über den Sie sprechen wollen, beherrschen.

Beherzigen Sie den bereits erwähnten Dreisatz: Denken – Reden – Überzeugen. Denken Sie zunächst nach, reden Sie dann über ein Thema, welches Sie beherrschen. Dann ist Ihnen der Erfolg, andere zu überzeugen, sicher! Erarbeiten Sie ein präzises Stichwort-Manuskript. Dazu machen Sie folgende Übung: Sie wollen in Ihrem Lebenslauf etwas über Ihre Hobbies sagen. Schreiben Sie sich Stichworte (z.B. Wandern, Musizieren, Sport) auf einen Zettel und sprechen Sie sich selbst einmal vor, was Sie mit diesen Worten sagen wollen. Üben Sie bitte nur, wenn Sie allein in einem Zimmer oder in freier Natur sind. Üben Sie bitte nicht vor dem Spiegel oder vor der Familie. Denn vor dem Spiegel spielen alle Menschen in der Regel eine Rolle. (Sie wollen doch ein guter Redner sein und kein Schauspieler werden! Der Unterschied zwischen dem guten Redner und dem Schauspieler ist: Der gute Redner lebt sich selbst, der Schauspieler spielt eine Rolle, er kann sich nicht »leben«, denn dann würde er seiner Rolle nicht mehr gerecht.) Lernen Sie auf keinen Fall den Redetext auswendig, denn wenn Sie dann einmal »hängen« bleiben, sind Sie hoffnungslos verloren. (Im Gegensatz zum Schauspieler haben Sie als Redner keinen Souffleur.) Schreiben Sie auf Ihr Manuskript bitte keine halben Sätze in der Hoffnung, daß Sie die erste Hälfte des Satzes ablesen und dann wissen, wie es weitergeht. So verlieren Sie nie Ihre Redeangst: Sie müssen immer überlegen, nachdem Sie die Hälfte dessen, was Sie sagen wollten, abgelesen haben, wie es weitergehen soll.

Zu 4.:
Eine Rede ist keine Schreibe!
Reden Sie nie wie Sie schreiben! Geschriebene Sätze sind meistens länger als gesprochene. Je länger der gesprochene Satz wird, desto mehr fürchten Sie sich, diesen Satz auch grammatikalisch richtig zu be- und vollenden! Der gute Redner ist ein Mensch, kein Sprechautomat. Benutzen Sie aber immer ein Redemanuskript. Sprechen Sie völlig frei, dann laufen Sie Gefahr, den »roten Faden«

zu verlieren. Sie »verzetteln« sich. Sichern Sie sich ab mit einem Manuskript, welches Ihnen erlaubt, den bereits erwähnten »guten« Blickkontakt (70:30) in die Tat umzusetzen.

Zu 5.:
Erfasse scharf das Redethema!
Merke: Nie wird es Ihnen gelingen, das Ihnen gestellte Thema erschöpfend zu behandeln. Sie können aber erreichen, Ihre Hörer zu erschöpfen, wenn Sie über zu viele Aspekte Ihres Themas reden. Jede Rede ist und bleibt ein Bruchstück, weil Sie niemals in der Lage sind, alles anzusprechen. Kürzen Sie! Sie sollten viel wissen, aber niemals alles sagen. Denn die Redseligkeit ist die ungeratene Tochter der Beredsamkeit. Sagen Sie immer das Wichtige im richtigen Augenblick! Reden Sie z.B. über Ihren Lebenslauf, so werden Sie sicher nicht zu viele Details erwähnen. Das interessiert Ihre Zuhörer nicht. Sie wollen die wesentlichen Daten erfahren und nur die.

Zu 6.:
Gib der Rede Grundriß, Gliederung, Aufbau!
Jeder »Häuslebauer« erstellt vor dem Bau seines Hauses einen Plan. Niemand baut ziellos. Und so muß jeder Redner ebenfalls einen Plan – eine Gliederung – für sein rhetorisches Haus erstellen. Jede Rede besteht aus drei Teilen: der Einleitung, dem Hauptteil und dem Schluß. Mit der Einleitung schaffen Sie den ersten Kontakt zum Publikum (Aufwärmphase). Sie nennen in Ihrer Einleitung nach der Anrede das Thema und sagen den Hörern, was Sie mit Ihrer Rede bezwecken. Einleitung bitte kurz! Denn: Gut gestartet ist halb gewonnen. Im Hauptteil werden die wesentlichen Gedanken entwickelt. Untergliedern Sie in 1.), 2.), 3.), aber bitte nicht bis 35.), 36.), 37.). Vergessen Sie keine der im Manuskript erwähnten Untergliederungen! Bringen Sie Steigerungen in Ihre Rede. Sie wollen ein waches, interessiertes Publikum! Fassen Sie im Schlußteil Ihrer Rede noch einmal kurz

zusammen. Finden Sie einen geeigneten und guten Schlußsatz. Schreiben Sie sich diesen auf jeden Fall auf. Den einleitenden Satz bitte nach allen schriftlichen Vorbereitungen aufschreiben, um Widersprüche in der Rede zu vermeiden. Es kann durchaus sein, daß Sie sich den Grobplan Ihrer Rede zunächst anders gedacht haben, als es das erarbeitete Ergebnis Ihnen abschließend zeigt. Ein Wollknäuel ist noch kein Pullover! Zu Beginn Ihrer Denkphase verfügen Sie nur über einige Gedanken; am Schluß aber sieht manches anders aus als zu Beginn gedacht. Und wer hindert Sie daran, ständig klüger zu werden?

Zu 7.:
Zurückhaltend, aber spannend einleiten – wuchtig, aber überlegen schließen!
An dieser Regel wird deutlich, wie wichtig Ihr erster und Ihr letzter Satz sind. Beginnen Sie Ihre Rede entweder mit einer humorvollen Bemerkung oder mit der Darstellung eines ernsten Sachverhaltes. Sie können auch mit einer rhetorischen Provokation beginnen. Gern beginnen Redner mit einem aktuellen Ereignis oder mit einem persönlichen Erlebnis. Schließen Sie u.U. mit der Aufforderung, aus Ihrer Rede Konsequenzen zu ziehen. Oder fordern Sie zur Aktivität auf! Nachfolgende Standpunktformel ist für jede Überzeugungsrede geeignet:

a) Standpunkt kurz und deutlich darlegen

b) Beispiele bringen

c) Begründung anführen

d) Schlußfolgerung ziehen

e) Aufforderung zum Engagement (Nutzen für andere herausstellen)

Zu 8.:
Wisse, wolle, wirke!
Zunächst müssen Sie etwas wissen, dann wollen Sie mit Ihrem Vortrag etwas bewirken (das Publikum informieren, überzeugen, den Hörern etwas erzählen usw.). Dazu gehört auch: Wie wirken Sie auf andere? Ihr Äußeres beeinflußt das Bild, das sich Ihre Hörer von Ihnen machen. Darum: Kleiden Sie sich so, wie es Ihrer Persönlichkeit entspricht!) Ihrer Rede sollen Taten folgen, Ihre Rede soll also Wirkung zeigen. Wenn Sie etwas wollen und das notwendige Wissen haben, bleibt die Wirkung Ihrer Rede nicht aus.

Beherzigen Sie dieses und einige weitere Punkte, dann werden Sie wirkungsvoll reden können!

Zu 9.:
Beweise steigern, Einwände vorwegnehmen!
Mit Beweisen können Sie alles beweisen, auch das Gegenteil! Aber auch der Andersdenkende hat Beweise. Setzen Sie sich mehr mit der eigenen Argumentation auseinander als mit der gegnerischen. Überlegen Sie, wie Sie die gegnerischen Argumente entkräften können. Bei der Vorbereitung von Podiumsdiskussionen auf Rhetorikseminaren lasse ich die Diskussionsteilnehmer zunächst eigene Beweise sammeln, bitte sie aber auch, ebensoviel Zeit dafür zu verwenden, sich mit der gegnerischen Argumentation auseinanderzusetzen. Sie müssen die Argumente des Andersdenkenden kennen, bevor Sie diese entkräften können. Zumeist vertiefen wir uns in unsere eigene Argumentation und sind dann im Gespräch nicht in der Lage, die Argumente der Gegner zu entkräften. Wir hören nicht zu. Bauen Sie in Ihre eigene Argumentation auch gegnerische Argumente ein. Entkräften Sie diese! Um so leichter haben Sie es in der anschließenden Diskussion. Sie haben den Andersdenkenden entscheidende Argumente vorweggenommen und bereits entkräftet.

Zu 10.:

Allein der Vortrag macht des Redners Glück!

In Goethes »Faust« sagt Wagner zu Faust: »Allein der Vortrag macht des Redners Glück. Ich fühl' es wohl, noch bin ich weit zurück.« Und Faust antwortet Wagner: »Such' er den redlichen Gewinn! Sei er kein schellenlauter Tor!/Es trägt Verstand und rechter Sinn/Mit wenig Kunst sich selber vor;/Und wenns Euch ernst ist, was zu sagen,/ist's nötig, Worten nachzujagen?« Nicht das geschriebene Wort allein hat Wirkung. Wirkung zeigt ebenso das gesprochene Wort. Ihr »Ausdruck« macht bei den Hörern »Eindruck«. Dazu ein interessantes und zugleich aufschlußreiches Beispiel: Der Franziskanermönch Capistrano predigte, wie es früher üblich war, lateinisch, und seine Hörer klatschten ihm regelmäßig vehement Beifall, auch wenn sie ihn nicht verstanden, denn sie selbst sprachen kein Latein. Als Capistrano seine Predigten beendet hatte, übersetzte der Gemeinde ein Dolmetscher die gesprochenen Worte, und die Leute liefen davon. Der Eindruck, den der Franziskaner auf seine Hörer machte, war also gewaltiger, als die übersetzten Worte es waren! Der Inhalt wurde nicht durch die Sätze, sondern durch die Wirkung des Redners deutlich. – Oft waren wir alle schon von einem Vortrag tief beeindruckt, baten um das wörtliche Manuskript und wunderten uns beim Lesen des Manuskriptes, was uns an diesen Worten so faszinierte.

Zu 11.:

Sprich ein gutes, klares, »anhörliches« Deutsch!

Sprechen Sie leichten Dialekt, Klangfärbung, so behalten Sie diesen Dialekt auch bei. Der Dialekt ist Bestandteil Ihrer Persönlichkeit, und Sie alle kennen z.B. Politiker, denen anzuhören ist, aus welchem Teil Deutschlands sie kommen. Auch hier gilt wiederum der Satz: »Eine Rede ist keine Schreibe!« Reden Sie wie Sie sprechen. Aber jeder im Saal Anwesende, ich wies bereits daraufhin, muß Sie verstehen. – Hüten Sie sich vor Bandwurmsätzen. Diese kann ich – bedingt – zwar schreiben, sollte sie jedoch nicht sprechen. Lesen kann ich einen schwierigen und langen Satz mehrere Male – aber ich höre den langen Satz nur einmal (und habe ihn verständlicherweise nicht verstanden). Meiden Sie auch Fremdwörter, welche die wenigsten verstehen. Sprechen Sie ein gutes Deutsch. Lassen Sie Ihre Sprache nicht verludern!

Zu 12.:
Übung ist alles!
Demokrit schrieb in seinen Fragmenten: »Es werden mehr Menschen durch Übung tüchtig als durch Naturanlagen.« Bereiten Sie langfristig Ihre Rede vor, und bereiten Sie sich kurzfristig noch einmal auf Ihre Rede vor. Oft erlebe ich, daß mangelhafte Vorbereitung der entscheidende Grund für einen rhetorischen Mißerfolg ist. Um ein guter Redner zu werden, müssen Sie üben, üben, üben!

Zusammenfassung

Zu einer guten Rede gehört der richtige und zweckmäßige Einsatz von rhetorischen Darstellungsmitteln.

Rhetorische Darstellungsmittel sind sprachliche Stilformen, mit denen eine bestimmte Wirkung erzielt werden kann.

Solche Formen sind z.B.

- Vergleiche
- Beispiele
- Wortspiele
- Scheinfragen.

Durch die Verwendung solcher Darstellungsmittel wird erreicht, Gedanken und Gefühle eindringlich, anschaulich, spannend und ästhetisch zum Ausdruck zu bringen.

Einige wichtige Grundsätze und Regeln sollte jeder Redner beachten:

- Reden ist erlernbar, und die Gelegenheiten, eine Rede zu halten oder sich zu Wort zu melden, sollten genutzt werden, um sich in der Redetechnik zu üben.

- Eine Rede unterliegt anderen Voraussetzungen und erfordert andere Darstellungsmittel als schriftliche Ausdrucksformen.

- Das Thema der Rede sollte klar umrissen werden; die Rede systematisch gegliedert und aufgebaut sein.

- Rhetorische Darstellungsmittel müssen eingesetzt werden, um eine Rede interessant und spannend zu gestalten. Schlagkräftige Argumente sollten wirkungsvoll eingesetzt werden und mögliche Einwände vom Redner bereits vorweggenommen und damit entkräftet werden.

- Die Rede muß in gutem, verständlichem Deutsch gehalten werden (keine langen Schachtelsätze, überflüssige Fremdwörter vermeiden).

Wiederholungsfragen

Nennen Sie rhetorische und andere Darstellungsmittel für einen Vortrag, der anschaulich und eindringlich zugleich sein soll!

Welche Darstellungsmittel setzen Sie ein, um »Spannung« beim Publikum zu erzeugen?

Was bedeutet es, wenn Ihr Gesprächspartner die Augenbrauen hebt?

Welche Wirkungen sollen Zitate in einem Referat haben?

Übungsaufgabe

Machen Sie einem Ihnen unterstellten Mitarbeiter, der sich in Ihrem Betrieb um eine besser dotierte Position beworben hat, klar, daß Sie ihn zwar schätzen und auf seine Mitarbeit nicht verzichten wollen, aber einen anderen Mitarbeiter für diese besser dotierte Position vorgesehen haben!

V. Wie sieht ein gutes Redemanuskript aus?

Lernziel

> Nach Durcharbeiten dieses Kapitels sollten Sie in der Lage sein,
>
> – ein Redemanuskript zu erstellen.

a) Nehmen Sie große Bögen! (mögl. DIN A4)

b) Schreiben Sie nur Stichworte auf. Schreiben Sie diese groß und weit auseinander!

c) Schreiben Sie leserlich!

d) Unterstreichen Sie die Worte mit Textmarker unterschiedlicher Farbe! (Der Mensch reagiert auf Farben!!)

e) Numerieren Sie Ihre Manuskript-Seiten!

f) Zitate bitte wörtlich aufschreiben!

g) Hauptstichworte auf *linke* Seite bis Mitte schreiben!

h) Auf die *rechte* Seite des Manuskriptes Nebenstichworte schreiben und wörtlich niedergeschriebene Zitate; ebenfalls rechts Hinweise auf Visualisierungstechniken!

i) Schreiben Sie den ersten und letzten Satz Ihrer Rede wörtlich auf!!

k) Schreiben Sie auf ein Sonderblatt die Namen derer, die zu begrüßen sind (es könnte sein, Sie vergessen während der Rede einige Namen)!

l) Keine Übertreibungen, keine Vermutungen, keine Phrasen!

Was steht in einem guten Manuskript einer Rede von 45 Minuten Länge?

Einleitung max. 5 Minuten

- Thema nennen,
  Anwesende begrüßen,
  Thema darstellen bzw. umreißen

- Begriffe, die zu erklären sind, definieren

- Überraschung (falls möglich) einbauen

- Zum Thema hinführen

Ausführung max. 35 Minuten

- Stichwort(e) zu Argument I
  Überleiten zu Argument II

- Stichworte zu Argument II
  wörtliche Zitate
  Überleiten zu Argument III usw.
  Hinweis auf folgenden Schluß

Schluß max. 5 Minuten

- Zusammenfassung und/bzw.
  Höhepunkt der Rede

- Ausblick

- Aufforderung
- Dank

Wie sieht das gute Redemanuskript aus?

Thema	______________________	
Einleitung	1. Satz wörtlich	
	______________________	
	Stichwort mit Textmarker unterstreichen	
	______________________	
	Stichwort (Textmarker anderer Farbe)	
	______________________	
	Stichwort (Textmarker anderer Farbe)	
Hauptteil		
	______________________	
	Stichwort (Textmarker Farbe 1)	
	______________________	hier Nebenstich-worte und wörtliche Zitate
	Stichwort (Farbe 2)	
	______________________	
	Stichwort (Farbe 3)	
	______________________	
	Stichwort (Farbe 4)	
	______________________	
	Stichwort (Farbe 1)	
	______________________	
	Stichwort und/oder Überleitung	
Schluß		
	______________________	
	______________________	
	Letzter Satz wiederum wörtlich	

Zusammenfassung

Eine Rede wird aus drei Teilen aufgebaut:

Einleitung
Ausführung (Hauptteil)
Schluß

Die Einleitung umfaßt Begrüßung, Vorstellung des Themas und eine kurze Hinführung zum Thema. Wenn möglich, können in der Einleitung Überraschungsmomente eingebaut werden.

Die Ausführung dient der Darlegung der Argumente, die steigernd aufgebaut sein sollten. Das stärkste Argument sollte zuletzt gebracht werden.

Der Schluß sollte den Höhepunkt der Rede enthalten, einen Ausblick bieten und eventuell einen Appell an das Publikum richten.

Das am Anfang und am Schluß Gesagte bleibt den Zuhörern am besten in Erinnerung. Dies muß beim Aufbau der Rede berücksichtigt werden; besonders wichtige Punkte können daher am Schluß mit anderen Worten nochmals wiederholt werden.

Vor der Rede sollte ein gutes, übersichtliches Redemanuskript erstellt werden. Es muß die wesentlichen Inhalte der Rede enthalten. Dieses Manuskript sollte auf keinen Fall ausformuliert sein, sondern mit Stichworten auskommen. (Eine abgelesene Rede verhindert einen guten Kontakt zum Publikum.)

Im Manuskript müssen Haupt- und Nebenstichworte voneinander abgegrenzt sein; Zitate sollten wörtlich aufgeschrieben werden und die genaue Quelle enthalten.

Wiederholungsfragen

Welche Sätze Ihrer Rede sollten Sie wörtlich aufschreiben?

Aus wieviel Teilen setzt sich eine gute Rede zusammen?

Warum sollten nur Stichworte (und keine voll oder auch nur teilweise formulierten Sätze) auf Ihrem Manuskript stehen?

Übungsaufgabe

Legen Sie ein Redemanuskript an zum Thema »Sind olympische Spiele noch zeitgemäß?«!

Dabei soll Ihr persönlicher Standpunkt zu dieser Frage deutlich herausgestellt werden. (= Überzeugungsrede)

VI. Vorbildliche Reden und ihre kritische Analyse

Lernziel

Nach Durcharbeiten dieses Kapitels sollten Sie in der Lage sein,

- eine Rede nach rhetorischen Kriterien zu analysieren.

1. Rede des Senators Robert F. Kennedy. Bekanntgabe der Präsidentschaftskandidatur vom 16.3.1968

Situationsanalyse

März 1968, Vereinigte Staaten von Amerika. Präsident ist der Demokrat Lyndon B. Johnson, der 36. Präsident der USA. Johnson ist der Nachfolger des amerikanischen Präsidenten John F. Kennedy, der am 22.11.1963 heimtückisch im Alter von 46 Jahren ermordet wurde. In den Vorwahlen bemühte sich der Bruder des Ermordeten, Robert F. Kennedy, gegen seinen Parteifreund und den Präsidenten der USA, L.B. Johnson, anzutreten, um selbst Präsident zu werden. Das Ansehen des ermordeten Präsidenten Kennedy ist in den USA unwahrscheinlich hoch. Zwar schätzen die Amerikaner Johnson, sie wissen aber, daß Johnson einem Vergleich mit seinem Vorgänger Kennedy nicht standhält. Hinzu kommt, daß das Ansehen der USA durch den Vietnamkrieg verloren hat. Zum ersten Mal spüren die Amerikaner, daß sie nicht jeden Krieg gewinnen können. Dem ersten Mann im Staate wird Schuld an der Vietnammisere gegeben. Dennoch gilt Johnson als ehrlich, bieder, integer. Jeder Amerikaner weiß aber auch, daß es mit Sicherheit bessere und intelligentere Persönlichkeiten in den USA gibt als Johnson. Wäre u.U. der Senator Robert F. Kennedy der bessere Präsident? Keiner weiß es, aber viele meinen es. Und zu diesem Zeitpunkt vernehmen die Amerikaner, daß Robert F. Kennedy eine Erklärung an die Öffentlichkeit abgeben wird. Keiner weiß, was er sagen will, aber die meisten vermuten, daß er gegen den Präsidenten und seinen Parteifreund Johnson für das Präsidentenamt kandidieren will. Von dieser Erklärung erwarten die Amerikaner Aufschluß. Zunächst der wörtliche Text dieser Erklärung, anschließend der mit Zeichen versehene gleiche Text. Er gibt Betonungen und Pausen wieder, und abschließend folgt eine kritische Analyse der Rede.

Die Rede

»Ich gebe heute bekannt, daß ich für die Präsidentschaft der Vereinigten Staaten kandidieren werde. Ich kandidiere für die Präsidentschaft nicht nur, um mich irgendeinem Manne entgegenzustellen, sondern um eine neue Politik zu vertreten. Ich kandidiere, weil ich überzeugt bin, daß dieses Land sich auf einem gefährlichen Weg befindet und weil ich von der Notwendigkeit meiner Aufgabe so stark überzeugt bin, daß ich alles tun muß, was in meinen Kräften steht. Ich kandidiere, um eine neue Politik anzustreben, eine Politik, die die Kluft zwischen Schwarz und Weiß, Reich und Arm, Jung und Alt in unserem Land und in der ganzen Welt schließen soll. Ich kandidiere, weil ich wünsche, daß die Demokratische Partei und die Vereinigten Staaten von Amerika ein Symbol der Hoffnung statt der Verzweiflung und ein Beispiel der Völkerversöhnung statt der wachsenden Weltkriegsgefahr werden. Ich kandidiere, weil jetzt unverkennbar deutlich ist, daß wir diese umstrittene und verhängnisvolle Politik nur abtun können, indem wir die Männer abservieren, die sie machen. Denn die Wirklichkeit ist durch Illusionen vertuscht worden. Der Bericht der Unruhen-Kommission ist weitgehend unter den Tisch gefallen. Die Goldkrise, die Krise unserer Städte, die Krise unserer Landwirtschaft und die Krise unserer Gettos, ihnen allen ist zu spät und zu wenig entgegengetreten worden.

Niemand, der soviel wie ich über die außerordentlichen Anforderungen der Präsidentschaft weiß, kann behaupten, daß irgendein Sterblicher dieses Amt angemessen auszuüben vermag. Aber meine Arbeit im Nationalen Sicherheitsrat während des Kuba-Konflikts, der Berlin-Krise, der Verhandlungen über Laos und den Atomstopp haben mich etwas über den Nutzen, aber auch die Grenzen militärischer Macht gelehrt.

Ich konnte mich orientieren über den Wert von Verhandlungen mit Freunden und Feinden sowie über die Möglichkeiten und Gefahren, die unser Land in den vielen Gebieten der Erde erwarteten, die ich bereist habe.

Als Mitglied des Kabinetts und des Senats habe ich furchtbare, unentschuldbare Not gesehen: Sie läßt Kinder im Mississippi verhungern, schwarze Bürger in Watts aufbegehren gegen das Unrecht, junge Indianer in ihren Reservaten Selbstmord begehen und gesunde, kräftige Familien in Ost-Kentucky ihr Leben mit leerem Nichts verbringen! Mit den jungen Leuten unserer Nation habe ich gesprochen und ihnen zugehört und ihren Zorn gespürt über den Krieg, in den sie geschickt werden, und über die Welt, die sie bald übernehmen werden.

In privaten Gesprächen und in der Öffentlichkeit habe ich vergebens versucht, unseren Kurs in Vietnam umzubiegen, bevor er weiter unsere Energien und Streitkräfte schwächt, das Risiko eines großen Krieges erhöht und dasjenige Volk ins Verderben stürzt, zu dessen Rettung er gedacht war ...

Meine Entscheidung ist nicht das Ergebnis persönlicher Abneigung oder mangelnder Achtung gegenüber Präsident Johnson. Er diente Präsident Kennedy mit äußerster Ergebenheit und erwies mir und meinen Familienangehörigen in der schweren Zeit nach dem November 1963 die größte Freundlichkeit. Ich habe häufig seine Bemühungen auf dem Gebiet der Gesundheitsfürsorge, des Bildungswesens und in vielen anderen Bereichen begrüßt, und ich empfinde tiefe Anteilnahme für die Lasten, die er heute trägt. Aber das Problem ist nicht persönlicher Natur. Es geht um unsere zutiefst unterschiedlichen Auffassungen darüber, zu welchem Ziele wir uns hinbewegen.

Ich ignoriere nicht leichtfertig die Gefahren und Schwierigkeiten, die darin liegen, einen amtierenden Präsidenten herauszufordern. Aber die Gegenwart ist keine gewöhnliche Zeit, und was vor uns liegt, ist keine gewöhnliche Wahl. Auf dem Spiel stehen nicht nur die Führerschaft unserer Partei oder sogar unseres Landes, sondern unser Recht auf die moralische Führerschaft auf diesem Planeten!

Mit Zeichen versehene Rede

Die im nachfolgenden Text vermerkten Zeichen sagen uns, wie diese Rede richtig mit Pausen und Betonungen gelesen werden sollte (und sicherlich auch wurde). Dieser Strich (/) bedeutet: eine kleine Pause machen. Diese Linie ═══ bedeutet, größere Pause machen, a u s e i n a n d e r geschrieben Wörter bedeuten, diese besonders zu betonen. Werden all diese Anmerkungen beachtet, ergibt dies eine Rede mit optimaler Vortragstechnik:

Optimale Vortragstechnik

Die Rede nach dem Manuskript Senator Robert F. Kennedys zur Bekanntgabe der Präsidentschaftskandidatur am 16. März 1968:

Ich gebe heute bekannt /

daß ich für die Präsidentschaft

der Vereinigten Staaten

k a n d i d i e r e n werde!

Ich kandidiere für die Präsidentschaft nicht nur /

um mich irgendeinem Manne entgegenzustellen /

sondern um eine n e u e Politik zu vertreten.

Ich kandidiere /

weil ich überzeugt bin/

daß d i e s e s Land

sich auf einem gefährlichen Weg befindet/

und weil ich von der Notwendigkeit meiner Aufgabe

so s t a r k überzeugt bin/

daß ich alles tun muß/

was in meinen Kräften steht.

Ich kandidiere für die Präsidentschaft/
weil ich w ü n s c h e /
daß die Demokratische Partei
und die Vereinigten Staaten von Amerika
ein Symbol der Hoffnung/
statt der Verzweiflung
und ein Beispiel der Völkerversöhnung
statt der wachsenden Weltkriegs-Gefahr werden!

Ich k a n d i d i e r e /
weil jetzt unverkennbar deutlich ist/
daß wir diese umstrittene und verhängnisvolle Politik
nur abtun können/
indem wir die Männer abservieren/
die sie machen.

Denn die Wirklichkeit der jüngsten Ereignisse in Vietnam
ist durch Illusionen v e r t u s c h t worden.

Der Bericht der Unruhen-Kommission
ist weitgehend unter den Tisch gefallen ...

Die Goldkrise/

die Krise unserer Städte/

die Krise unserer Landwirtschaft/

und die K r i s e unserer G h e t t o s –

ihnen allen

ist zu spät und zu wenig

e n t g e g e n g e t r e t e n w o r d e n !

Niemand/

der soviel wie ich

über die außerordentlichen Anforderungen

der Präsidentschaft weiß/

kann behaupten, daß irgendein Sterblicher

dieses Amt a n g e m e s s e n auszuüben vermag.

Aber meine Arbeit im Nationalen Sicherheitsrat

während des Kuba-Konflikts/

der Berlin-Krise/

der Verhandlungen über Laos und den Atomstopp

haben mich etwas über den Nutzen

aber auch die Grenzen
militärischer Macht gelehrt.

Ich konnte mich orientieren/
über den Wert von Verhandlungen
mit Freunden und Feinden/
sowie über die Möglichkeiten und Gefahren/
die unser Land
in den vielen Gebieten der Erde erwarten/
die ich bereist habe.

Als Mitglied des Kabinetts und des Senats
habe ich furchtbare/
unentschuldbare Not gesehen:

Sie läßt Kinder in Mississippi verhungern/
schwarze Bürger in Watts aufbegehren gegen das Unrecht/
junge Indianer in ihren Reservaten Selbstmord begehen/
und gesunde/
kräftige Familien in Ost-Kentucky
ihr Leben mit leerem Nichtstun verbringen!

Mit den jungen Leuten unserer Nation
habe ich gesprochen/
und ihnen zugehört/
und ihren Zorn gespürt über den Krieg/
in den sie geschickt werden/
und über d i e Welt/
die sie bald übernehmen werden.

In privaten Gesprächen
und in der Öffentlichkeit
habe ich v e r g e b e n s versucht/
unseren Kurs in Vietnam umzubiegen/
bevor er weiter
unsere Energien und Streitkräfte schwächt/
das Risiko eines großen Krieges erhöht/
und d a s j e n i g e Volk ins Verderben stürzt/
zu dessen Rettung er gedacht war . . .

Meine Entscheidung ist n i c h t das Ergebnis
persönlicher Abneigung oder mangelnder Achtung

gegenüber Präsident Johnson.
Er diente Präsident Kennedy
mit äußerster Ergebenheit/
und erwies mir und meinen Familienangehörigen
in der schweren Zeit nach dem November 1963
die größte Freundlichkeit.

Ich habe häufig seine Bemühungen
auf dem Gebiet der Gesundheitsfürsorge/
des Bildungswesens
und in vielen anderen Bereichen
b e g r ü ß t .

Und ich empfinde tiefe Anteilnahme
für die Lasten/
die er heute trägt.

Aber das Problem ist n i c h t persönlicher Natur/
Es geht um unsere
zutiefst unterschiedlichen Auffassungen d a r ü b e r /
zu welchem Ziele wir uns hinbewegen.

Ich ignoriere nicht leichtfertig/
die Gefahren und Schwierigkeiten/
die darin liegen/
einen amtierenden Präsidenten herauszufordern.

Aber die Gegenwart ist k e i n e gewöhnliche Zeit/
und was vor uns liegt/
ist k e i n e gewöhnliche Wahl.

Auf dem Spiel stehen nicht nur
die Führerschaft unserer Partei/
oder sogar unseres Landes/
sondern unser Recht
auf die m o r a l i s c h e Führerschaft
auf d i e s e m Planeten!

Was sagte Kennedy wirklich?
(Interpretation des Textes, Hintergrundanalyse)

Die Amerikaner wissen nicht, ob Senator Kennedy, Bruder des ermordeten amerikanischen Präsidenten, gegen seinen Parteifreund Johnson kandidieren wird. Sie ahnen es und erwarten Aufschluß aus dieser angekündigten Rede. Kennedy löst sofort die Spannung und sagt zu Beginn, daß er Präsident zu werden gedenkt. 5 Sätze fängt er zu Beginn mit den gleichen Worten an: »Ich kandidiere . . .« Jetzt wissen also die Amerikaner, Robert F. Kennedy will amerikanischer Präsident werden.

Kennedy macht im Anschluß daran deutlich, was ihn bewogen hat, sich um dieses Amt zu bewerben. »Denn die Wirklichkeit der jüngsten Ereignisse in Vietnam ist durch Illusionen vertuscht worden . . .« Kennedy bedient sich geschickt der Sorgen: Der Vietnamkrieg und verschiedene Krisen (Goldkrise, Krise der Städte, Krise der Landwirtschaft und Krise der Gettos . . .) beschäftigen die Amerikaner. Fast jeder Amerikaner ist durch irgendeine der erwähnten Krisen betroffen. Kennedy hat also erreicht, daß die Hörer seiner Rede verärgert sind über alle Amerikaner betreffende Probleme. Reaktion der Hörer an dieser Stelle: Sie sind wütend und verärgert ob der nicht gemeisterten Probleme, die Kennedy in seiner Rede ansprach. Und wer sprach diese Probleme so klar an? Kennedy, der Herausforderer des Präsidenten Johnson. Er will ihn doch in seinem Amt »beerben«!!! Doch bereits im nächsten Satz wirft Kennedy das Steuer um 180 Grad herum und baut sich zielstrebig auf. »Niemand, der soviel wie ich über die Anforderungen der Präsidentschaft weiß (schließlich war sein Bruder lange Zeit Präsident der USA!) . . ., kann behaupten, daß irgendein Sterblicher . . . (sein Bruder ist gestorben, wurde ermordet!) dieses Amt angemessen auszuüben vermag.« Die Erinnerungen an den jungen, dynamischen und mit einer

Gloriole versehenen Bruder werden bei den Hörern wach. Und dieser hochgeschätzte ermordete Präsident war auf jeden Fall besser als der derzeitige. Ist eventuell der Bruder ebenso klug und gut, d.h. besser als Johnson?

In den nächsten beiden Sätzen »Ich konnte mich orientieren . . .« und im Satz zuvor »Meine Arbeit im Sicherheitsrat . . .« macht Kennedy deutlich, daß er selbst bereits große politische Erfahrungen gesammelt hat. Also hat er im Bewußtsein der Hörer bewiesen, daß er etwas kann und fähig ist, diesen Staat zu leiten!! Noch einmal weist er im darauffolgenden Satz darauf hin, wer er ist und wo er bereits sitzt (»Als Mitglied des Kabinetts . . .«). Gleichzeitig leitet er im 2. Teil dieses kurzen Satzes auf weitere Probleme in den USA hin, um deutlich zu machen, daß ein Wechsel im Amt des Präsidenten notwendig wäre. (»Sie (die Not) läßt Kinder in Mississippi verhungern . . .«) Und er fährt folgendermaßen fort: »Mit den jungen Leuten unserer Nation habe ich gesprochen und ihnen zugehört . . .« Gesprochen haben schon viele Politiker mit jungen Leuten, aber zugehört haben doch relativ wenige!? Welcher Jugendliche fühlt sich hier nicht angesprochen, und das auch noch in Zeiten eines ungeliebten, demoralisierend wirkenden Krieges? In besonderer Weise natürlich die Jugend, die ja, wie Kennedy darlegt, bald die Welt übernehmen soll!

In den nächsten Sätzen macht Kennedy deutlich, was er von seinem Parteifreund und Präsidenten hält. Er kann verständlicherweise Johnson nicht total demontieren, schließlich ist er ein geachteter Präsident der USA. Er macht aber zwischen den Zeilen deutlich, daß es weit bessere Präsidenten geben könnte: nämlich ihn. »Er (Johnson) diente Präsident Kennedy (also seinem Bruder) mit äußerster Ergebenheit.« Kennedy sagt damit, daß der Vizepräsident – und dies war Johnson unter seinem Bruder – äußerst ergeben war. Äußerst ergeben kann eventuell ein Hund, aber doch kein Vizepräsident sein, denken sicherlich in diesem Moment der Rede die Hörer. »Und er erwies mir die größten Freundlichkeiten im November 63«, d.h. in der Zeit der Ermordung des Bruders von dem Präsidentschaftsbewerber Kennedy. Sie werden sagen, also das ist doch nett von Kennedy, daß er Johnson hier lobend erwähnt. Gewiß, aber er vergleicht ihn indirekt mit seinem ermordeten Bruder. Deutlich wird in diesem Vergleich, daß Johnson nicht das Format Kennedys hat. Kennedy will damit sagen: Amerika benötigt jetzt in dieser schweren Zeit wieder einen Mann mit dem Format seines Bruders (und sind sich Brüder nicht ähnlich?).

»Aber das Problem ist nicht persönlicher Natur, es geht um unsere zutiefst unterschiedlichen Auffassungen darüber, zu welchem Ziele wir uns hinbewegen.« Wurde bisher in dieser Rede deutlich, worin sich die Ziele Johnsons von denen Kennedys unterscheiden? Nein! Aber jetzt entsteht der Eindruck, daß alles, was bisher schlecht oder zumindest nicht so gelaufen ist, wie es die Mehrheit wünscht, Johnson anzurechnen ist und Kennedy es sicherlich besser machen könnte. Kennedy fährt fort: »Ich habe häufig seine Bemühungen auf dem Gebiet der Gesundheitsfürsorge und des Bildungswesens begrüßt.« Eine weitere indirekte Ohrfeige stellt dieser Satz dar, denn Kennedy begrüßt lediglich »Bemühungen« und dies sind noch keine Leistungen, die nach seiner Ansicht auch nicht erwähnenswert sind. Und in welchen Bereichen begrüßt er »Bemühungen»? Auf dem Gebiet der Gesundheitsfürsorge und des Bildungswesens. Die Hörer werden sich in diesem Moment der Rede fragen, ob es angesichts der schwierigen Lage zu dieser Zeit primäre Aufgabe eines amerikanischen Präsidenten sein muß, sich um diese beiden Bereiche zu kümmern. Sagte Kennedy damit nicht indirekt, daß Johnson u.U. ein leidlich guter Gesundheits- oder Bildungsminister sein könnte, aber ihm doch das Wissen und Charisma für das Amt des Präsidenten fehlt?

Um die Schwierigkeiten, einen Präsidenten »herauszufordern«, weiß er, denn sonst würde er nicht diese Worte am Ende seiner Rede anführen. Und der sich daran anschließende Satz ist sowohl eine Floskel als auch eine Überleitung zum Schlußsatz: »Aber die Gegenwart ist keine gewöhnliche Zeit . . .« Oder will er damit andeuten, daß sich mit dieser Wahl das Schicksal Amerikas zum Guten oder zum Schlechten entscheidet?

Höhepunkt dieser Rede ist ohne Zweifel der Schluß, formuliert als »Kette« (vgl. rhetorische Darstellungsmittel 3.c)). »Auf dem Spiel stehen nicht nur die Führerschaft unserer Partei (der »Demokraten« = kleiner Zusammenschluß in der Politik in den USA) oder sogar unseres Landes (Amerika, ein immerhin bereits größerer Zusammenschluß), sondern unser Recht auf die moralische Führerschaft auf diesem Planeten (also der Welt).« Und die Amerikaner wollen doch gern die Führungsmacht der Welt sein. Kennedy schaut positiv in die Zukunft. Er will den Amerikanern wieder das Bewußtsein vermitteln, »wir sind wer«, wir müssen wieder die Führungsrolle in dieser Welt übernehmen. Er appelliert an den Stolz und das Sendungsbewußtsein der Amerikaner.

Eine brillant formulierte Rede; allerdings mit einem gar nicht übermäßig großen Aussagewert. Dennoch bin ich sicher, daß diese Rede damals ihren Eindruck bei den Hörern nicht verfehlte.

2. Winston Churchills Antrittsrede im Unterhaus nach der Ernennung zum Premierminister am 13. Mai 1940

Vorinformationen

Seit dem 1. September tobt der 2. Weltkrieg. Churchill spricht offen im englischen Parlament darüber, wie hart dieser Krieg noch zu werden verspricht. Selten habe ich eine Rede gelesen oder gehört, die sich so vieler rhetorischer Mittel bedient. Und selten habe ich eine Rede gehört, in der so schonungslos und offen zum Ausdruck kommt, was die Menschen noch erwartet.

Zum besseren Verständnis dieser Rede sind folgende Hinweise hilfreich:

01.09.1939	Hitler greift Polen an
03.09.1939	Wegen der Bündnispflicht erklären Frankreich und England Deutschland den Krieg
09.04.1940	Hitler beginnt mit der Besetzung Dänemarks und Norwegens
10.05.1940	Invasion Hollands und Belgiens; am gleichen Tag tritt N. Chamberlain als Premierminister Großbritanniens zurück und W. Churchill bildet eine nationale Koalitionsregierung
13.05.1940	Churchills erste Rede vor dem englischen Parlament als Premierminister

Diese bedeutende Rede eines der großen Politiker der Weltgeschichte bietet den Engländern nichts anderes an als »Blut, Schweiß und Tränen«. Unwahrscheinlich klar und anschaulich macht Churchill den Engländern deutlich, wie er die Situation einschätzt und was er von den Engländern jetzt verlangt.

Ihre Aufgaben

1. Lesen Sie den Text dieser Rede.

2. Vermerken Sie, welche rhetorischen Darstellungsmittel Churchill in dieser Rede einsetzt. Vermerken Sie weiterhin, wie oft Churchill gleiche rhetorische Darstellungsmittel einsetzt. Beim Lesen der Rede wird Ihnen auffallen, daß Churchill sich einfacher Worte bedient, um Ungewöhnliches zu sagen.

3. Tragen Sie folgendes ein:
   a) Wo endet die Einleitung?
   b) Wo schließt der Hauptteil?
   c) Vermerken Sie am Rande die in der Rede enthaltenen »Beispiele«, »Vergleiche«, »Verdeutlichungen«, »rhetorischen Fragen«, »Wiederholungen«, »Steigerungen«.
   d) Beurteilen Sie diese Rede nach der »Standpunktformel«, nach der folgenden Punkte erfüllt sein müssen:
      1. Standpunkt kurz und klar sagen,
      2. Begründung anführen,
      3. Beispiele bringen,
      4. Schlußfolgerung ziehen,
      5. Aufforderung zur Aktivität.

Diese Rede enthält alle Elemente einer guten und erfolgreichen Rede.

Die Rede

»Am späten Freitag abend erhielt ich von Seiner Majestät den Auftrag, eine neue Regierung zu bilden. Offensichtlich war es der Wunsch und Wille des Parlaments und der Nation, daß dies auf einer möglichst breiten Basis geschehe. Alle Parteien sollten eingeschlossen sein. Ich habe den wichtigsten Teil dieser Aufgabe erfüllt ...

Ich möchte dem Hohen Haus das sagen, was ich zuvor denen gesagt habe, die die neue Regierung bilden werden: ›Ich habe nichts anzubieten als Blut, Mühsal, Tränen und Schweiß.‹

Vor uns steht die schwerste aller Prüfungen. Vor uns liegen viele, viele lange Monate des Kampfes und der Entbehrung. Sie fragen, was unsere Politik sei? Ich will es Ihnen sagen: Es gilt einen Krieg zu führen auf See, auf dem Land und in der Luft mit all unserer Macht – und mit all der Kraft, die Gott uns geben kann. Es gilt, einen Krieg zu führen gegen eine ungeheuerliche Tyrannei, die von nichts übertroffen wird in der dunklen traurigen Liste menschlicher Verbrechen. Das ist unsere Politik.

Sie fragen, was unser Ziel sei? Ich antworte mit einem Wort: Sieg. Sieg um jeden Preis. Sieg, ungeachtet allen Terrors. Sieg, wie lang und mühsam der Weg auch sein mag. Denn ohne Sieg gibt es kein Überleben. Das wollen wir ganz klar sehen: Kein Überleben für das Britische Empire. Kein Überleben für das, wofür das Britische Empire steht. Kein Überleben für das Drängen und Mühen der Jahrhunderte, die Menschheit vorwärts zu ihrem Ziel zu bringen.

Aber ich nehme mein Amt auf mich – mit Schwung und Hoffnung. Ich fühle sicher, daß unsere Sache nicht fehlschlagen wird unter Menschen. In diesem Augenblick fühle ich mich berechtigt, die

Hilfe aller zu fordern. Und ich sage: Kommt denn, laßt uns zusammen vorwärts gehen mit vereinter Kraft.«

3. Verteidigungsrede des Sokrates

Vorinformationen

Die Verteidigungsrede des Sokrates vor dem Areopag (ein Hügel in Athen, auf dem der nach ihm benannte Älteste Rat tagte). Sokrates, ein großer Philosoph (er lebte von 470–399 vor Christi in Athen), lehrte aus Leidenschaft auf Straßen und Plätzen Athens seine Mitbürger, besonders die Jugend. Seine Lehre aber erschütterte die Ordnung Athens, da sie das Sittliche auf die Selbstgewißheit des Menschen gründete und nicht auf die objektiven Ordnungen wie Sitte, Staat und Religion. Deshalb und wegen angeblicher Gottlosigkeit wurde er zum Tode verurteilt. Sein Ankläger Meletos behauptete, Sokrates handle rechtswidrig, weil er die vom Staat anerkannten Götter nicht anerkenne und Neues, Dämonisches, scheinbar Göttliches einführe. Ferner wurde ihm von Meletos vorgeworfen, rechtswidrig zu handeln, da er die Jugend durch Infragestellung des Herkömmlichen verderbe. Er wird zum Tode verurteilt. Aus Gehorsam gegen die Gesetze lehnte Sokrates die ihm angebotene Flucht aus dem Gefängnis ab und trank den Schierlingsbecher.

Die Verteidigungsrede des Sokrates wurde von Plato, seinem Schüler, aufgezeichnet. Trotz der brillanten rhetorischen Leistung, die die Wahrheit in der Polis Athen aufzeigte, wurde Sokrates zum Tode verurteilt.

Die zwei Ebenen der Rede des Sokrates

Auf der ersten Ebene bezichtigt er seine Ankläger der Lüge; auf der zweiten widerlegt er die Anklage gegen ihn. Sokrates widerspricht in seiner Rede den Punkten der Anklage, er versuche, die Jugend gegen Honorar zu erziehen, er begehe Unrecht, und er sei selbst ein Gottloser. Im letzten Satz seiner Rede beruft sich Sokrates auf Gott, und zwar den gleichen Gott, den auch seine Richter verehren. Der zweite Punkt der Anklage behauptet, Sokrates tue Unrecht, weil er an keine Götter glaube. Sokrates verteidigt sich, indem er seinen Ankläger lächerlich macht und der Torheit zeiht. Sokrates treibt in seiner Rede seinen Ankläger in die Enge. Er fragt ihn: »Behauptest du, daß ich an gar keine Götter glaube?« Und Meletos antwortet ihm: »Ja, beim Zeus, du glaubst ganz und gar nicht daran.« Durch diese defensive Argumentation wird Sokrates zum Ankläger!

Ziel dieser Rede ist, die Hörer in ihrem Verhalten und in ihrer Meinungsbildung zu beeinflussen. Gelingt einem Redner dies, so ist dies ein Indiz dafür, daß er eine wirkungsvolle Rede gehalten hat.

Lesen Sie diese Rede zweimal. Zunächst, um den Sinn der Rede zu verstehen. Dann, um die rhetorischen Mittel zu erkennen. Überlegen Sie schließlich, wie diese Sätze auf Sokrates' Zeitgenossen wirken mußten.

Die Rede

»Ob euch, ihr Athener, meine Ankläger beeindruckt haben, weiß ich nicht. Ich habe mich jedenfalls beinahe selbst vergessen, als ich ihnen zuhörte. So überzeugend klangen ihre Worte. Und doch sind sie alle erlogen.

Bei dem vielen, das sie so dahergelogen haben, wunderte mich vor allem eins: Ihr solltet euch hüten, von mir getäuscht zu werden, denn ich sei ein sehr gewandter Redner. Das ist dreist. Ich werde sie sogleich widerlegen.

Zwar hätten sie recht, wenn sie den einen guten Redner nennten, der die Wahrheit sagt. Doch das ist nicht ihre Art. Sonst wäre ich wirklich ein guter Redner, denn ich werde die Wahrheit sagen:

Sie haben alle gelogen. Von mir werdet ihr die Wahrheit hören, nicht in schönen Worten. Ich werde schlicht das sagen, was ich denke.

Einst suchte man euch zu betrügen, als man euch einredete, ein gewisser Sokrates denke über die Sterne nach und wolle erforschen, was unter der Erde sei. Die Männer, die das behaupten, muß ich fürchten. Sie sind meine Ankläger, denn sie sagen, wer solches erforsche, glaube nicht an die Götter.

Nun haben mich junge Leute freiwillig begleitet. Sie hörten mir gerne zu, wenn ich andere befragte. Nun ahmten sie mich nach. Da fanden sie eine Mengen Leute, die zwar meinten, etwas zu wissen, in Wirklichkeit aber wenig oder nichts wissen. Diese Leute zürnten dann mir und nicht etwa sich selbst. Sie behaupten, Sokrates sei ein widerlicher Mensch und verderbe die Jugend. Über die Wahrheit aber müssen sie sehr wohl schweigen: Denn sie sind überführt, nichts zu wissen, obschon sie sich den Anschein geben, als wüßten sie etwas.

Das, Athener, ist die Wahrheit. Nicht verschweige ich. Und ich bin mir bewußt, daß ich mich gerade dadurch verhaßt mache. Doch kommen wir nun zum Wortlaut der Anklage. Er lautet: ›Sokrates tut Unrecht, denn er verdirbt die Jugend. Und er glaubt nicht an die Götter, die der Staat verehrt, sondern an andere göttliche Kräfte!‹ Das gilt es zu prüfen. Sage uns also, Meletos, wie ich deiner Ansicht nach die Jugend verderbe? Die Anklage behauptet, weil ich sie lehre, nicht an die Götter zu glauben, die der Staat verehrt, sondern an neue göttliche Mächte.

Bei diesen Göttern, von denen da die Rede ist, Meletos, fordere ich dich auf, mir das zu erklären. Sagst du, ich lehre den Glauben an bestimmte Götter, nur seien es nicht jene, die der Staat verehrt? Dann aber bin ich nicht gottlos. Oder aber behauptest du, ich glaube an gar keine Götter? Meletos: ›Ja, beim Zeus, du glaubst ganz und gar nicht daran.‹

Jetzt aber widerspricht sich die Klageschrift selbst. Es ist, als ob sie sage: ›Sokrates begeht Unrecht, weil er an gar keine Götter, sondern an Götter glaubt.‹

So etwas kann man nur im Scherz sagen.

Ich habe den Eindruck, ihr Athener, Meletos ist recht unbeherrscht. Die Anklage hat er aus reinem Übermut verfaßt. Nichts anderes kann ich mir vorstellen. Entweder wolltest du, Meletos, uns auf die Probe stellen, oder du bist in ziemlicher Verlegenheit, was für ein Vergehen du mir vorwerfen sollst. Wie du aber so einen Menschen mit auch nur etwas Verstand davon überzeugen möchtest, daß jemand, der an das Göttliche glaubt, nicht an die Götter glaube – ist mir schleierhaft.

Athener! Wenn ihr mir sagt: ›Wir sprechen dich frei, unter der Bedingung, daß du nicht mehr nach Wahrheit suchst. Und wenn du es noch einmal tust, mußt du sterben‹, dann entgegne ich euch: ›Athener, ich achte und liebe euch. Aber ich will der Gottheit gehorchen. Solange ich die Kraft dazu habe, werde ich nach Wahrheit suchen und euch mahnen. Jeden von euch, den ich treffe, werde ich fragen: Schämst du dich nicht? Du willst möglichst viel Geld und Ehre erlangen, kümmerst dich aber nicht um die Wahrheit!‹

Ich werde nichts tun, ihr Athener, was ich für Unrecht halte. Wenn ich euch bloß überredete (und nicht überzeugte), lehrte ich euch zu glauben, daß es nichts Göttliches (keine innere Gewissensstimme) gäbe. Dann klagte ich mich durch meine Verteidigung selbst an. Ich glaube an das Göttliche – und zwar mehr als meine Ankläger:

So lege ich denn euch und Gott anheim, über mich zu urteilen, wie es für mich und für euch am besten ist.«

Zusammenfassung

Kapitel VI enthält drei vorbildliche Reden.

Anhand des Gelernten über Aufbau einer Rede, rhetorische Gestaltungsmittel und deren Wirkungen lassen sich diese Reden analysieren.

Die Analyse dieser Redetexte ermöglicht es, die rhetorische Technik zu studieren und Anregungen für die Gestaltung von eigenen Reden zu gewinnen.

Darüber hinaus kann die kritische Analyse von Redebeispielen den Blick schärfen für die Wirkung von Worten und den Einfluß von Sprache und Rhetorik auf das Publikum.

Wiederholungsfragen

Welche rhetorischen Darstellungsmittel setzt Kennedy in seiner Rede ein?

Wo endet in der Rede Kennedys die »Einleitung«, wo beginnt der »Schluß«?

Warum legt Kennedy seinen Standpunkt, sich um die Präsidentschaft zu bewerben, gleich zu Beginn dar?

Übungsaufgabe

Nehmen Sie folgenden Fall an: Kennedy zieht aus persönlichen Gründen seine Kandidatur um das Amt des amerikanischen Präsidenten zurück und empfiehlt seinen Wählern, sich für L. B. Johnson zu entscheiden.

Formulieren Sie dafür einen kurzen Text!

VII. Einige Bemerkungen zur Dialektik

Lernziele

> Nach Durcharbeiten dieses Kapitels sollten Sie wissen,
>
> - was unter dialektischer Rhetorik zu verstehen ist,
> - welche fairen rhetorischen Mittel Sie einsetzen können,
> - wie Sie unfairer rhetorischer Dialektik begegnen können.

Zunächst soll der Begriff »Dialektik« erklärt werden, bevor Sie auf den nachfolgenden Seiten über die Dialektik und die Möglichkeiten ihrer Anwendung Näheres erfahren. Dialektik – ein aus dem Griechischen kommendes Wort – bedeutet die Kunst der scharfsinnigen Gesprächsführung, besonders in der wissenschaftlichen Auseinandersetzung. Sokrates und Platon erhoben die Dialektik zur Methode der Philosophie. Von der Stoa bis ins 16. Jahrhundert galt Dialektik auch als Oberbegriff für die formale Logik. Verstehen Sie bitte unter Dialektik die Fertigkeit, Diskussionspartner in Rede und Gegenrede zu überzeugen.

Seit Hegel wird unter Dialektik aber auch ein philosophisches Prinzip verstanden, das die Entwicklung des historischen Prozesses im menschlichen Bewußtsein als eine Bewegung von der These zur Antithese und von ihr zur Synthese abbildet. Die erreichte Synthese ist in der Regel mit einer höheren Erkenntnis und mit einem Fortschritt im menschlichen Bewußtsein über die Freiheit verbunden.

Dialektik ist eine Kunst der Gesprächsführung, um der Wahrheit näher zu kommen. Dabei müssen gewisse Regeln beachtet werden. Wenn diese Regeln nicht beachtet werden, dient das Gespräch nicht der Wahrheitsfindung, sondern führt zur Verwirrung.

Kommunikation ist nicht nur ein rationaler, sondern immer auch ein emotionaler Prozeß. Rationalität und Emotionalität stehen in Wechselbeziehungen. Und da Menschen weit häufiger emotional als rational reagieren, gewinnt in einer Auseinandersetzung zumeist derjenige, welcher Emotionen lenkt. Es gilt also in der Rhetorik, das Publikum, den Gesprächspartner, rational und emotional zugleich anzusprechen und so zu überzeugen.

Das bereits erwähnte Wahlkampfgespräch zwischen den beiden amerikanischen Präsidentschaftskandidaten Kennedy und Nixon ist dafür ein beredtes Beispiel. Rational war Nixon ohne Zweifel der Bessere, Überlegenere, emotional sprach aber Kennedy das Publikum weit besser an und siegte daher. Es kommt immer wieder – und nicht nur in politischen Auseinandersetzungen – vor, daß Menschen rational den Sieg davontragen, aber dennoch den Kampf verloren haben, weil sie eben rational, nicht aber emotional besser abschnitten.

Dialektische Rhetorik erlernen Sie ausschließlich in der Praxis. Es gibt auch in der dialektischen Rhetorik keine Patentrezepte, jedoch gültige Regeln. Glauben Sie nicht, Dialektik sei Theater oder Show. Sie ist intensives Bemühen, andere rational und emotional zu überzeugen. Wollen Sie durch dialektische Rhetorik andere überzeugen, so sollten Sie über Einstellungen und Haltungen Ihres Gesprächspartners/Publikums informiert sein.

Dialektische Rhetorik ist eine verbale Fertigkeit, die erlernbar und vorwiegend auf Gespräch und Rede bezogen ist. Sie setzen also sprachliche Mittel ein. Lernen Sie aber zuvor, mit diesen sprachlichen Mitteln richtig umzugehen.

1. Methoden fairer dialektischer Rhetorik

Vorbedingungen für den Einsatz dieser Methoden sind:

- Gehen Sie entspannt in das Gespräch/in den Vortrag.

- Raum, Raumtemperatur, Sitzordnung müssen so beschaffen sein, daß Sie sich wohl fühlen. Schaffen Sie also eine positive Atmosphäre.

- Bereiten Sie sich besser und intensiver vor als Ihr Gesprächspartner oder das Publikum. Auch Ihr Manuskript und das eventuell einzusetzende Anschauungsmaterial sollten perfekt sein.

- Stellen Sie Fragen. Wer fragt, führt. Fragen an den Gesprächspartner schmeicheln diesem. Damit können Sie ihn aus der Reserve locken. Nicht etwas behaupten, lieber fragen. Wer etwas behauptet, hat die Pflicht, es zu begründen.

- Nehmen Sie sich beim Gespräch/Vortrag/bei der Verhandlung Zeit! Wer zeitlich unter Druck steht, ist immer in einer schlechten Position.

- Beginnen Sie Ihren Vortrag/Ihr Gespräch niemals mit dem Wort »Ich«. Weit besser, Sie beginnen mit den Worten »Sie« oder »Wir«.

- Lassen Sie Ihre Meinung von Ihrem Gesprächspartner finden, und nehmen Sie mögliche Einwände vorweg.

- Menschen reagieren auf Emotionen. Bemühen Sie sich daher, (in Maßen) emotionsbesetzte Wörter zu verwenden.

- Formulieren Sie positiv (besser: »Das Glas ist halb voll« als »Das Glas ist halb leer«).

- Stellen Sie Gemeinsamkeiten heraus und geben Sie sich gleichberechtigt, nicht überlegen. Nehmen Sie Ihren Gesprächspartner/Ihr Publikum ernst.

- Geben Sie zu, falls Sie sich geirrt oder etwas Falsches gesagt haben. Sie gewinnen damit!

- Bleiben Sie im Angriff. Wer angreift, führt und bestimmt die Richtung des Gesprächs.

- Gehen Sie auf schwache Argumente Ihres Gesprächspartners ausführlich ein. Stellen Sie leicht zu wiederlegende Behauptungen Ihres Gesprächspartners als besonders bedeutsam heraus und widerlegen Sie diese.

- Übernehmen Sie, wenn zwei sich streiten, eine Mittlerfunktion. (Wenn zwei sich streiten, freut sich der Dritte!)

- Reagieren Sie gelassen auf unfaire Vorwürfe. Machen Sie aber deutlich, daß das Verhalten des Gesprächspartners unfair war.

- Sagen Sie nur in Ausnahmefällen »nein«. Sagen Sie lieber »ja, aber«.

- Denken Sie daran: Das Charisma der Person überzeugt. Argumente unterstützen die Ausstrahlung der Persönlichkeit.

2. Methoden unfairer Dialektik

Die Methoden unfairer Dialektik müssen Sie kennen, Sie sollten diese aber selbst nicht einsetzen! Identifizieren sie diese Methoden unfairer Dialektik. Machen Sie anderen deutlich, daß die von Ihrem Gegner eingesetzte Methode unfair ist und entwickeln Sie Abwehrstrategien. Orientieren Sie sich im nachfolgenden Text auf der linken Seite über einige Methoden unfairer Dialektik.

Auf der rechten Seite werden Abwehrmöglichkeiten aufgelistet. Setzt Ihr Gegner Methoden unfairer Dialektik ein, so bemühen Sie sich um Ruhe und Gelassenheit. Reagieren Sie auf keinen Fall mit ähnlich unfairen Methoden. Warten Sie einige Sekunden mit Ihrer Antwort, die durchdacht sein sollte.

Abwehrmethoden:

Ihr Gegner versucht, Sie zu reizen	Lassen Sie sich nicht reizen, sprechen Sie langsam, machen Sie dem Publikum deutlich, daß Ihr Gegner unfair argumentiert, um Sie zu reizen. Antworten Sie: »Ihr Versuch, mich zu reizen, ist mißlungen, da müssen schon andere kommen, denen das gelingen könnte ...«

Ihr Gegner versucht, Sie mit Zwischenrufen zu stören	Überhören Sie den Zwischenruf, wenn Ihnen dazu spontan nichts einfällt, oder antworten Sie kurz und geistvoll. Oder sagen Sie: »Wenn Sie zu Hause immer dazwischenreden, ist das Ihre Sache, ich finde das ungehörig. Ich hoffe, Sie sind noch lernfähig und übernehmen das Gebot eines ›fair play‹« oder: »Könnten Sie auch einmal etwas Gescheites sagen?«, oder: »Manche Menschen hatten eine Kinderstube, manche nur eine Spielecke, wie war das bei Ihnen?«, oder: »Mit dieser Art fallen Sie überall auf. Sicherlich brauchen Sie das.«
Ihr Gegner wird persönlich, attackiert z.B. Ihren Lebenswandel	»Können Sie überhaupt sachlich bleiben?«, oder: »Ich weiß von früheren Gesprächen, daß Sachlichkeit nicht Ihre Stärke ist ...«, oder: »Würden Sie dies noch einmal wiederholen? Es könnte sein, jemand im Raum

	hat es nicht verstanden.« (Entweder wird Ihr Gegner dann im Formulieren vorsichtiger oder er stellt sich selbst ins Abseits, etwas Besseres kann Ihnen nicht passieren.) Oder: »Wem die Argumente ausgehen, der wird zumeist unfair. Solcher Methoden bediene ich mich nicht . . .«
Ihr Gegner verhöhnt und verspottet sie	Werden Sie bewußt sachlich, oder lassen Sie ihn die Verspottung mehrmals wiederholen: »Würden Sie das bitte noch einmal wiederholen, damit das Publikum Sie richtig kennenlernt?« Reagieren Sie bewußt humorvoll bzw. ironisch. Zeigen Sie nie, daß Sie sich ärgern.
Ihr Gegner beruft sich auf bekannte oder auch unbekannte Persönlichkeiten, Professoren usw.	Lassen Sie sich die Quellen genau nennen, zumeist kann er das nicht. Sagen Sie dann: »Zumindest gut vorbereiten sollten Sie sich . . .«, oder: »Wenn Sie

	die Quelle nicht kennen, sollten Sie in Zukunft etwas vorsichtiger sein«, oder: »Wenn Sie sich auf Herrn X berufen, so wissen Sie auch, daß Herr Y genau das Gegenteil bewiesen hat«, oder: »Wo lehrt der von Ihnen erwähnte (und Ihnen unbekannte) Professor, ich kenne ihn nicht . . .« (Zumeist bleibt Ihnen der Frager die Antwort schuldig.) Dann können Sie sagen: »Wenn er auch Ihnen nicht bekannt ist, kann der von Ihnen zitierte Mann so bekannt auch wieder nicht sein.«
Ihr Gegner wirft mit Fremdworten um sich und versucht damit, einen intelligenten Eindruck zu machen	»Würden Sie dieses Wort einmal ins Deutsche übersetzen?«, oder: »Wer seine Sache kennt, kann sich auch verständlich ausdrücken«, oder fragen Sie das Publikum: »Kennen Sie dieses Wort, meine Damen und Herren? Ich habe es bis heute noch nie gehört und freue mich, von ihnen etwas, wenigstens etwas zu lernen . . .«

Ihr Gegner macht Sie auf einen begangenen Fehler aufmerksam	Danken Sie ihm für die Richtigstellung, oder: »Irren ist menschlich, sicherlich ist uns allen schon einmal ein Fehler unterlaufen«, oder: »Aus dem Zusammenhang gerissen, haben Sie recht, aber Sie können es auch anders sehen, und ich versuche, Ihnen das deutlich zu machen . . .«
Ihr Gegner spielt auf Ihr jugendliches Alter an, etwa: »Glauben Sie wirklich, dies schon beurteilen zu können?«	»Zwar weiß ich wie Sokrates, daß ich nichts weiß, wissen Sie dies auch schon?«, oder: »Meine Intelligenz ist meine Fähigkeit, meine Umgebung zu akzeptieren . . .«, oder: »Ich weiß wenigstens, daß ich nichts weiß . . .«, oder: »Der Unterschied zwischen uns ist: Ich weiß, daß ich nichts weiß, aber Sie wissen nicht einmal, daß Sie nichts wissen . . .«, oder: »Beneiden Sie mich doch nicht um meine Jugend . . .«, oder: »Hatten Sie, als Sie so alt

	waren wie ich es heute bin, nicht auch schon eine Meinung?«
Ihr Gegner arbeitet auf Zeitgewinn und verschleppt die Diskussion/das Gespräch	Machen Sie Ihrem Gegner deutlich, daß er bewußt verschleppt und dies dem Publikum nicht zuzumuten sein, oder legen Sie diese Taktik dar und bitten Sie Ihren Gesprächspartner, doch fair zu diskutieren, oder: »Wenn Sie auf Zeit spielen, ich habe Zeit, aber können wir unserem Publikum zumuten, Ihnen so lange zuzuhören?«
Ihr Gegner versucht durch permanentes und häufiges Fragen all Ihre Argumente zu erfahren, um anschließend in die Offensive gehen zu können	Gehen Sie zum Angriff über und stellen Sie Ihrem Gegner Fragen. Fragen sind Angelhaken, oder: »Sie sollten sich in Zukunft besser vorbereiten ...«, oder: »Wenn Sie die Antwort auf die Frage nicht kennen, will ich Ihnen gern die eine oder die andere Frage beantworten ...«

Fragen an sich sind wertneutral. Es gibt viele Arten von Fragen; es gibt Informations-, Motivierungs- und Gegenfragen sowie rhetorische Fragen. Diese soeben genannten Fragen sind offene Fragen (oder W-Fragen, d.h., die Frage beginnt mit einem »W»: Wer, Was, Wie, Warum, Wieso, Weshalb?).

Weiterhin gibt es auch geschlossene Fragen. Zu dieser Gruppe gehören Schock-, Alternativ- und Suggestivfragen.

Wie sollen Sie mit Ihnen gestellten Fragen umgehen? Es gibt verschiedene Möglichkeiten:

- Beantworten Sie die Frage.

- Geben Sie die Ihnen gestellte Frage an das Publikum weiter.

- Fragen Sie zurück (Gegenfrage).

- Verschieben Sie die Antwort auf die Ihnen gestellte Frage.

- Lehnen Sie u.U. die Beantwortung der Frage ab.

3. Der Redner und sein Publikum

Das Publikum oder auch Ihren Gesprächspartner müssen Sie akzeptieren wie Wind, Regen oder Sonne. Sie haben aber Möglichkeiten, auf Ihr Publikum oder Ihren Gesprächspartner einzuwirken. Versetzen Sie sich in die Situation des Publikums/Gesprächspartners und fragen Sie sich, was erwarten diese von mir, und was kann ich tun, um zu einem guten Ergebnis zu kommen.

Kennen Sie überhaupt Ihr Publikum? In der sich anschließenden Karikatur finden Sie verschiedene Lebewesen, diesmal in Tierform. Die dort dargestellten Charaktereigenschaften sind auch Menschen eigen. Menschen, mit denen Sie zu sprechen haben, Menschen, die in Ihrem Vortrag sitzen, Menschen, mit denen Sie zusammenarbeiten müssen.

Auf der ersten Seite finden Sie die jeweiligen Typen. Schauen Sie sich diese Tierarten an und überlegen Sie, wie Sie diesem »Typ« begegnen und wie Sie ihn behandeln sollten. Nach reiflicher Überlegung schreiben Sie in den Freiraum, wie Sie mit diesem »Typ« umgehen werden. Vergleichen Sie das von Ihnen Niedergeschriebene mit dem Bild auf der darauffolgenden Seite. Dort finden Sie Hinweise, wie Sie einem Streitsüchtigen begegnen bzw. was Sie ihm entgegnen sollten.

Streitsüchtige	Positive	Alleswisser	Redselige	Schüchterne	Ablehnende	Dickfellige	Erhabene	Ausfrager

<u>Streitsüchtige</u> sachlich und ruhig bleiben, nicht in Streit einlassen, Konferenz widerlegen lassen, Taktik des toten Winkels	<u>Positive</u> Stütze der Konferenz. Ergebnisse zusammenfassen lassen, bewußt in die Diskussion einschalten	<u>Alleswisser</u> Gruppe zu seinen Behauptungen Stellung nehmen lassen	<u>Redselige</u> Zwischenredner. Taktisch unterbrechen, Redezeit begrenzen	<u>Schüchterne</u> Leichte Fragen stellen, das Selbstbewußtsein heben, Lob verstärken	<u>Ablehnende</u> Ehrgeiz wecken, seine Kenntnisse und Erfahrung anerkennen und zunutze machen	<u>Dickfellige</u> Uninteressierte. Nach seiner Arbeit fragen, Beispiele aus seinem Interessengebiet bringen lassen	<u>Erhabene</u> »Das hohe Tier«. Keine Kritik üben! »Ja aber« Technik anwenden	<u>Ausfrager</u> Der schlaue Fuchs. Will Konferenzleiter reinlegen! Seine Fragen zur Stellungnahme an Gruppe weiterleiten

Zusammenfassung

Dialektik bedeutet im Rahmen der Rhetorik die Kunstfertigkeit der Gesprächsführung, seinen Diskussionspartner in Rede und Gegenrede zu überzeugen.

Kommunikation mit einem Publikum, Zuhörern oder Diskussionspartnern ist nicht nur ein rationaler Vorgang, sondern wird ebenso von Emotionen bestimmt. Ein guter Redner/Diskussionspartner muß seine Zuhörer daher rational und emotional ansprechen und überzeugen.

Die Regeln und Möglichkeiten fairer Dialektik muß ein Redner beherrschen und wirkungsvoll einzusetzen wissen.

Es gibt eine Reihe von unfairen dialektischen Methoden. Diese Mittel werden eingesetzt, um einen Redner/Diskussionspartner zu verunsichern, aus dem Konzept zu bringen, lächerlich zu machen etc. Die Mittel unfairer Dialektik sollten Sie kennen, um sich dagegen zur Wehr setzen zu können. Selbst sollten Sie auf solche Mittel jedoch nicht zurückgreifen, denn die Dialektik soll der Wahrheitsfindung dienen und nicht der Demontage des Gesprächspartners.

Wiederholungsfragen

Was ist Dialektik? Denken Sie laut über diese Frage nach!

Wie sollten Sie auf »unfaire Vorwürfe« reagieren?

Was tun Sie, wenn Ihr Gesprächspartner auf Zeitgewinn arbeitet und das Gespräch bewußt verschleppt?

Übungsaufgabe

Interpretieren Sie den Satz: »Sag' immer die Wahrheit, aber sage die Wahrheit nicht immer.«

VIII. Aufgabe und Bedeutung der Sprache

Lernziele

Nach Durcharbeiten dieses Abschnitts sollten Sie

- den Begriff »Sprache« charakterisieren können,
- den Zusammenhang von Wort und Wortbedeutung ermessen können,
- sensibilisiert sein für die Problematik des Mißbrauchs der Sprache.

Es ist schwer, den Begriff »Sprache« genau zu definieren. Dennoch will ich versuchen, eine Definition des Begriffs »Sprache« zu geben. Sprache ist der Ausdruck und die Darstellung von Gedanken und Gefühlen, entweder durch sinnvolle Zeichen (Zeichensprache), durch Gebärden (Gebärdensprache), vor allem aber durch Worte.

Rupert Lay schreibt in seinem Buch »Manipulation durch Sprache»: »Sprache = eine offene Menge von Zeichen und Verbindungsregeln, die in einer Gesellschaft (der sogenannten »Sprachgemeinschaft«) zum Zweck der Mitteilung gebildet werden können. Zur Sprache gehören keineswegs nur Wortzeichen, sondern durchaus auch Ausdruckszeichen, insofern sie Mitteilungscharakter haben. Das Was und Wie des Sagens, die Kommunikation über Inhalt und Ausdruck ist sicher sprachlicher Art. Doch sprachlich wäre auch dann eine Situation, wenn das Wort oder ein anderes Zeichen zum bloßen Träger von Ausdruck würde. Sprachlich wäre also durchaus die Kommunikation zwischen zwei

Menschen, die sich lieben, obschon das Was des Sagens weit zugunsten des Wie in den Hintergrund tritt.«

3 Bilder sollen Ihnen vor Augen führen, daß auch ohne Worte viel mitgeteilt werden kann:

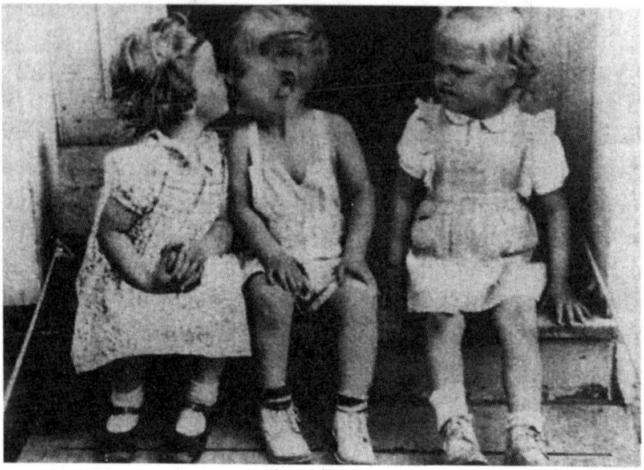

Sprache kann nicht nur durch das Ohr, sondern auch durch das Auge wahrgenommen werden. Wir können uns also verbal (durch das Wort) und somatisch (durch den Körper) ausdrücken.

Die Sprachwissenschaft schätzt den deutschen Wortschatz auf etwa 400.000 Wörter. Die genaue Zahl deutscher Wörter wird niemand genau wissen, und ebenfalls kein Mensch wird sie beherrschen. Viele Wörter haben unterschiedliche Bedeutungen. So bedeutet das Wort »Fest« zum einen »Feier«, zum anderen »hart«, je nachdem, ob es als Substantiv oder Adjektiv gebraucht wird. Der durchschnittliche Wortschatz eines Erwachsenen beträgt ca. 180.000 passive Wörter (das sind Wörter, die er kennt, aber nicht oder nur ganz selten benutzt) und 8.000 aktive Wörter. Der Grundwortschatz eines Erwachsenen umfaßt ca. 2.000 Wörter.

Die Sprache ist also wichtiges und für den Menschen typisches Instrument zum Austausch von Gedanken und Gefühlen. Durch Begriffsbestimmungen und durch das Bemühen um eine präzise Ausdrucksweise schärfen wir unser Sprachvermögen. Ein Beispiel macht dies deutlich. Wenn Sie gefragt werden, was ein Mensch ist, so könnten Sie antworten: »Ein federloser Zweifüßler.« Die Antwort ist zwar richtig, trifft aber nicht den zur Rede stehenden Sachverhalt. Ein einigermaßen großer Wortschatz und ein gutes Gedächtnis sind Voraussetzungen für Beredsamkeit, und Beredsamkeit beschreibt das Menschsein in seiner ganzen Existenz.

Die Reflexion auf die Sprache muß auch die Mehrdeutigkeit von Wörtern berücksichtigen. Ein Fremdenführer führt eine Reisegruppe an, ohne sie anzuführen. Eine Sekretärin kann ihrem Chef etwas angeben, ohne anzugeben. Mit meiner Meinung kann ich baden gehen, ohne baden zu gehen. Sorgen wir also dafür, uns mit natürlichen und allgemeinverständlichen Wörtern eindeutig und richtig auszudrücken.

Die Sprache war der wichtigste Schritt zur Menschwerdung. Schlagen Sie das Johannesevangelium auf. Dort lesen Sie im Kapitel 1, Vers 1 »Im Anfang war das Wort, und das Wort war bei Gott, und Gott war das Wort«. Sprache als ein von Gott den Menschen gegebenes Mittel, sich den Verhältnissen auf der von Gott geschaffenen Erde anzupassen, und dem Menschen zu ermöglichen, als ein sich seiner selbst bewußtes Wesen zu existieren.

Gehen wir zunächst einmal davon aus, daß Worte, die von allen Menschen verstanden werden, auch für jeden Menschen die gleiche Bedeutung haben. Bald indes werden wir feststellen, daß dies nicht (mehr) stimmt. Grüßen Sie Ihren Nachbarn mit dem allerorts im Süden Deutschlands bekannten »Grüß Gott«, so werden sich leider nur wenige die wahre Bedeutung dieser zwei Worte in Erinnerung rufen und daran denken, daß sie Gott grüßen und somit an ihn denken. Die meisten Menschen sehen in diesem Gruß (bei der Begrüßung mit »Guten Tag« ist es nicht viel anders) etwas Althergebrachtes. Wir werden also der Bedeutung dieser Worte nicht (mehr) gerecht. Ähnlich geht es uns mit der immer wieder gebrauchten ersten Frage an unseren Gesprächspartner: »Wie geht es?« Die wenigsten erwarten eine Antwort des Angesprochenen. Passiert etwas Unangenehmes, so sagen wir oft »Oh je«, d.h. »Oh Jesus« und wissen nicht, was wir gesagt haben. Diese Beispiele aus dem Alltag machen deutlich, daß wir Menschen zwar sprechen, aber uns zu wenig Gedanken darüber machen, was wir sagen. Vieles verstehen wir bedeutungsverschieden. So kommt es zu sprachlicher Verwirrung. Nachzulesen ist im 1. Buch Mose, 11. Kapitel, Vers 7 Gottes Androhung auf den vermessenen Turmbau zu Babel »Wohlauf, lasset uns herniederfahren und ihre Sprache daselbst verwirren, daß keiner des anderen Sprache verstehe«.

Menschen drücken sich bewußt oder unbewußt falsch aus und erreichen dadurch, daß die Angesprochenen das Gesagte wiederum entweder bewußt oder unbewußt mißverstehen. Die Mehrdeutigkeit der Sprache wird in fast allen menschlichen Bereichen deutlich, besonders aber im Bereich der Politik. Helmut Schelsky schrieb einmal nachfolgenden Satz: »Die Sprachherrschaft in der unmittelbar aktuellen Politik erwirbt, wer die Wortfelder besetzen kann, in denen die tagesfälligen Konflikte ausgetragen werden. Wer hier dem anderen die Worte vorschreiben oder vorreden kann, hat schon gesiegt.« Notwendig ist also im Interesse eines gegenseitigen Verstehens, daß sprachliche Normen gesetzt werden. Sofort höre ich nun auf diese Behauptung den Einwand, daß Normen aber die von uns allen geschätzte Freiheit begrenzen. Richtig, aber können wir deshalb auf Normen verzichten? Die sich daraus ergebende Folge ist, wir verzichten auf Normen, und jeder bewertet, wie er es für richtig erachtet. Daraus ergibt sich ein weiteres, neues Problem: Das Verantwortungsbewußtsein für das Gesamtwohl geht durch die Privatisierung der Bewertung gewisser Begriffe verloren.

Mit nachfolgenden Beispielen will ich Ihnen demonstrieren, daß durch die Privatisierung von Bewertungen Begriffe bereits eine andere Bedeutung erhalten haben.

Die offizielle Bezeichnung eines jungen Mannes, der sich entschlossen hat, nicht zur Bundeswehr zu gehen und den Dienst an der Waffe zu verweigern, lautet »Kriegsdienstverweigerer«. Wohl zu Unrecht, denn mit dieser Bezeichnung »Kriegsdienstverweigerer« sage ich, daß dieser junge Mann gegen den Krieg ist (das ist etwas Positives); aber ich unterstelle zugleich, daß ein junger Mensch, der seinen Dienst bei der Bundeswehr absolviert, für den Krieg ist. Und hier beginnt die bewußte oder unbewußte Sprachverwirrung. Beide, der Bundeswehrsoldat und der Verweigerer des Dienstes bei der Bundeswehr, sind gegen den Krieg. Die Bundeswehr wurde geschaffen, um einen Krieg zu verhindern und nicht, um Kriege zu führen. Also wäre die richtigere Bezeichnung für den jungen Mann, der vom Grundrecht auf Verweigerung Gebrauch gemacht hat, »Wehrdienstverweigerer«.

Wie sehr Begriffe bei uns schon ihre eigentliche Bedeutung verändert haben, zeigt das viel gebrauchte Wort »Menschenwürde«. »Die Würde des Menschen ist unantastbar« lesen wir im Art. 1 unseres Grundgesetzes. Kaum ein Bundesbürger wird diesem Grundsatz widersprechen. Und dennoch wird der Grundsatz unterschiedlich interpretiert. Meiner Meinung nach widerspricht die Darstellung einer Abtreibung im Fernsehen diesem obersten Gebot unserer Verfassung. Ebenso der uns allen bekannte Satz »Mein Bauch gehört mir«. Oft lesen wir heute in Berichten das Wort »Schwangerschaftsunterbrechung«. Ist dies ein anderes Wort für »Mord«? Ist es mit der Würde des Menschen in Einklang zu bringen?

Viele von Ihnen haben eine »Lebensversicherung« abgeschlossen. Eine Lebensversicherung ist in vielen Fällen in ihrer Wirkung doch eine Versicherung für den Todesfall. Immer wieder kritisieren wir und verwechseln den Begriff »Kritik« mit »jemanden fertigmachen«, »vernichten«, »negativ beurteilen«. Dabei vergessen wir, daß der aus dem Griechischen kommende Begriff die Bedeutung von »unterscheiden« und »beurteilen« hat. Kritisiere ich ein Kind, so beurteile ich dieses Kind. Ein lobendes, anerkennendes Wort an ein Kind ist im eigentlichen Sinn seiner Bedeutung eine »Kritik«. Wer will heute schon »konservativ« sein, da dieses Wort von vielen gleichgesetzt wird mit Begriffen wie »altmodisch«, »von gestern«, bis zu »reaktionär«. Dabei bedeutet das Wort »konservativ«, etwas bewahren wollen. Ist es falsch, etwas Bewährtes bewahren zu wollen? Beantworten Sie diese Frage selbst. Ich bekenne mich dazu, ein »Konservativer« zu sein, interpretiere aber diesen Begriff und sage, »konservativ« sein bedeutet für mich, das Feuer und nicht die Asche zu bewahren. Und schaue ich in die Geschichte, so haben gerade »Konservative« große Reformen hervorgebracht.

Sprachverwirrung kommt auch durch die immer stärker um sich greifende Flut von Fremdwörtern. Einschränkend – um nicht mißverstanden zu werden – füge ich hinzu, daß ich nichts gegen Fremdwörter habe, aber nur in einem vernünftigen Maß. Jedes Volk findet sich in seiner Sprache wieder und nimmt die ihm gegebene und überlieferte Sprache an.

Eine nationale Schwäche drückt sich auch in der Entwicklung unserer Sprache aus, die mit Fremdwörtern anderer Sprachräume überfremdet ist. Aus der Arbeit wurde der »Job«, und es ist keineswegs »in«, in der »Rush-hour« eine »Sightseeing-Tour« zu machen. Zwar weiß ich, daß eine Fremdsprache nicht ohne Fremdwörter oder Lehnwörter auskommt, habe aber dennoch wenig Verständnis, wenn in einer Arbeitsanweisung für den Deutschunterricht der Grundschulen zu lesen ist: »Der Schüler soll Kombinationen von Stamm-Morphemen, Flexiven, Präfixen und Suffaxen dekodieren können. Jedes Sprachsystem enthält auf der semantischen und syntaktischen Ebene eine große Redundanz.« (Schließlich sagt keiner von uns »Die subterranen Produkte des Agronomen stehen in reziproker Progression zur Intelligenz ihres Produkteurs«, sondern drückt sich verständlicher aus mit den Worten »Die dümmsten Bauern ernten die größten Kartoffeln«.)

Durch den Mißbrauch der Sprache wird auch die Seele der diese Sprache Sprechenden verändert und umstrukturiert. Orwell erkannte dies in seinem Buch »1984«. Darin sprach er von »neusprech« und sagte »Unwissenheit ist Stärke«. Gustav Heinemann, dem dritten Bundespräsidenten, ist zuzustimmen, denn er war es, der bei der Eröffnung des Schiller-Nationalmuseum in Marbach 1973 sagte: »Den Theologen sollte ins Stammbuch geschrieben

werden, daß Nächstenliebe auch darin besteht, sich einfach und verständlich auszudrücken ...
Mir geht es seit Jahren darum, anstelle von Fremdwörtern nach Möglichkeit deutsche Wörter zu benutzen. Ich tue das nicht, um damit besonderes Nationalgefühl zu beweisen. Es geht mir vielmehr um das Ziel der Verständlichkeit für jedermann. Dabei handelt es sich um nichts Geringeres als um den Auftrag, die Sprachkluft zwischen den sogenannten gebildeten Schichten und den breiten Massen unserer Bevölkerung zu überwinden, die für eine Demokratie so gefährlich ist. Verantwortung für die Sprache zu empfinden, ist ein Teil der Verantwortung aller Bürger für unsere Gesellschaft und unseren Staat.«

Oft werden bewußt Worte aus dem Zusammenhang gerissen und dadurch verändert. Das beste Beispiel dafür ist der uns allen bekannte Satz »Stell' dir vor, es kommt Krieg, und keiner geht hin.« Dieser Satz ist aus dem Zusammenhang gerissen und stellt damit das Gegenteil von dem dar, was dieser Satz aussagen will. Dieser Satz – er stammt von Bert Brecht – lautet folgendermaßen: »Stell dir vor, es kommt Krieg, und keiner geht hin – dann kommt der Krieg zu euch. Wer zu Hause bleibt, wenn der Kampf beginnt, läßt andere kämpfen für seine Sache, der muß sich vorsehen: Denn, wer den Kampf nicht geteilt hat, der wird teilen die Niederlage. Nicht einmal Kampf vermeidet, wer Kampf vermeiden will. Denn es wird kämpfen für die Sache des Feindes, wer für seine eigene Sache nicht gekämpft hat.«

Ich sehe es als eine wichtige Aufgabe an, der Sprache und ihrer Bedeutung für zwischenmenschliche Verständigung unsere ganze Aufmerksamkeit zu widmen. Widersetzen wir uns dem offenkundigen Wahnsinn der Bewußtseinsveränderung mittels der Veränderung unserer Sprache. Wir müssen sowohl der Fremdwörterflut wie auch den Umdeutungen von Begriffen Einhalt gebieten. Denken wir noch einmal an Orwells Buch »1984«. Darin läßt eine totalitär herrschende Partei eine neue Sprache entwerfen und verbreiten, die auf geistige Beschränkung des Menschen hinzielt und ihn zur Verblödung und zum Kadavergehorsam zwingt. Orwells Grundgedanke ist, daß eine veränderte Grammatik veränderte Denkstrukturen zur Folge hat. In diesem Buch wird ein »Wahrheitsministerium« errichtet, welches »Neudeutsch« produziert. Der Begriff »Sklaverei« wird als »Freiheit« bezeichnet, und alle jubeln der »Sklaverei« zu, weil sie »Freiheit« genannt wird. Wer die Sprache beherrscht, nimmt Einfluß auf Menschen. Denken wir daran, daß wir mit jedem Wort und Gedanken, den wir in Sprache kleiden, einen Beitrag zum allgemeinen Sprachverständnis leisten. Konfuzius wurde einmal gefragt, was er denn täte, wenn ihm die Verwaltung eines Landes angetragen würde. Er antwortete: »Wenn die Worte nicht stimmen, dann ist das, was gesagt wird, nicht das Gemeinte. Wenn das, was gesagt wird, nicht das Gemeinte ist, dann gedeihen die Werke nicht. Gedeihen die Werke nicht, so verderben die Sitten und Künste. Verderben die Sitten und Künste, dann trifft die Justiz nicht das Rechte. Trifft die Justiz nicht das Rechte, so weiß das Volk nicht, wohin Hand und Fuß setzen. Deshalb achte man darauf, daß die Worte stimmen.«

Sprachverwirrung führt zur Orientierungslosigkeit von Menschen, insbesondere von jungen Menschen. Und ein Defizit von Orientierung führt zu Skepsis und Furcht. Aufgabe der Sprache aber ist es, Vertrauen zu wecken und aufzubauen. Wer vertraut, traut Ihnen und dem von Ihnen Gesagten.

Zusammenfassung

Die Sprache ist eines der wichtigsten Instrumente der menschlichen Kommunikation. Mittels der Sprache drückt der Mensch seine Gedanken und Gefühle aus.

Das Bemühen, sich einer klaren und verständlichen Sprache zu bedienen, sollte für jeden einzelnen und insbesondere für einen Redner im Vordergrund stehen.

Man sollte sich jedoch bewußt darüber sein, daß Sprache insgesamt und auch einzelne Wörter mehrdeutig sein können. Das liegt zum einen am System der Sprache (das Adjektiv »fest« hat eine andere Bedeutung als das Substantiv »Fest«), zum anderen an der Sprachverwendung. Wörter, in einen bestimmten Zusammenhang gebracht oder aus ihrem ursprünglichen Zusammenhang gerissen, können mehrdeutig werden.

Mit Hilfe der Sprache kann auch manipuliert werden, d.h., Menschen können in ihrer Meinungsbildung in eine bestimmte Richtung gelenkt oder gedrängt werden. Sprachliche Normen (Regeln zur Grammatik, Wortbedeutung und Sprachverwendung) dienen daher dem Interesse des gegenseitigen Verstehens und helfen, Sprachverwirrung und Orientierungslosigkeit zu vermeiden.

Die Reflexion auf die Sprache (was, wie und mit welcher Bedeutung gesagt wird) soll dazu beitragen, uns klar und unmißverständlich auszudrücken.

Wiederholungsfragen

Schätzen Sie, aus wieviel Wörtern Ihr eigener Wortschatz besteht!

Wie können Sie sich ausdrücken? Rational und . . .?

Nennen Sie fünf Fremdwörter, die sie selbst zwar kennen, bei denen Sie aber davon ausgehen müssen, daß Ihr Gesprächspartner diese Wörter u.U. nicht kennt!

Übungsaufgabe

Denken Sie einmal darüber nach, wie unterschiedlich auf Sie die Wörter »Kernenergie« und »Atomenergie« wirken. Schreiben Sie die unterschiedliche Wirkung dieser beiden Wörter nieder!

IX. Schlußbetrachtung

Zu Beginn dieses Buches wies ich auf das lateinische Sprichwort hin: »Zum Dichter wird man geboren, zum Redner gemacht.« Sicher betrachten Sie diesen Satz sehr skeptisch. Immer wieder erlebe ich gleiches bei den Teilnehmern meiner Rhetorik-Seminare. Jedoch nach dem Seminar und nach den in diesen Seminaren abgehaltenen Übungen bestätigen mir meine Seminarteilnehmer, daß aufgrund der gemachten Erfahrungen »Reden erlernbar sei«.

Sie haben diese aus der Praxis gewonnenen Erfahrungen gelesen und können nach der Lektüre sicherlich immer noch nicht so reden, wie Sie es sich wünschen. Aber: Sie haben sich das rhetorische Rüstzeug erlesen und sollten jetzt darangehen, das Gelesene und Erlernte in die Praxis umzusetzen. Sie wurden mit Erfahrungen und rhetorischem Rüstzeug ausgestattet, wissen, was Sie tun müssen, um als Redner bestehen zu können. Was hindert Sie nunmehr daran, eine gute Rede zu halten? Die Lektüre dieses Buches zeigt Ihnen, was Sie als Redner berücksichtigen sollen. Die Übungen, denen Sie sich unterziehen müssen, machen Sie zu einem guten Redner. Und dies zu werden, wünsche ich Ihnen! Denken Sie daran: Reden ist Silber, Schweigen ist Gold, und zur richtigen Zeit das Richtige sagen, ist persönlicher Gewinn für Sie, der schwerer wiegt und wertvoller ist als Gold und Edelsteine!

Anhang

Literaturangaben und weiterführende Literatur:

Lay, Ruper;
»Manipulation durch Sprache«,
Frankfurt/M., Berlin 1990

Ders.:
»Dialetik für Manager«,
Frankfurt/M., Berlin 1988

Lemmermann, Heinz;
»Lehrbuch der Rhetorik, Redetraining und Übungen«,
München 1993

Schulz von Thun, Friedemann;
»Miteinander reden: Störungen und Klärungen«,
Reinbeck bei Hamburg 1994 (Originalauflage von 1981)

Weller, Maximillian;
»Das Buch der Redekunst«, München o. J. (vergriffen)

Zehetmeier, Winfried; »Richtig sprechen. Atem, Stimme, Aussprache. Lehr- und Übungsbuch zur deutschen Hochlautung«, Perda 1986

Zum Autor

Klaus Jentzsch, Senator h.c., geb. 1933 in Leipzig, Studium der Rechts-, Betriebs- und Volkswirtschaft in Bonn. Abteilungsleiter in der Landeszentrale für politische Bildung Baden-Württemberg. Lehrbeauftragter u.a. an der Universität Tübingen, der Exportakademie Reutlingen, der Verwaltungs- und Wirtschaftsakademie in Stuttgart und an anderen Orten. Landesvorsitzender des Freien Deutschen Autorenverbandes von 1980 bis 1992, seit dieser Zeit Ehrenvorsitzender des FDA. Autor zahlreicher Veröffentlichungen, u.a. des Buches »Sterben wir aus? Der Bevölkerungsrückgang in der Bundesrepublik und seine Folgen« sowie der Broschüre »Was geht uns der ältere Mensch an?« Mitverantwortlich für den »Grundkurs Politik«, eine Lehr- und Lernmappe der Landeszentrale für politische Bildung. Herausgeber von sechs Bänden preisgekrönter Arbeiten von Schreibwettbewerben.

Die Deutsche Bibliothek – CIP-Einheitsaufnahme

Jentzsch, Klaus:
Rhetorik / Klaus Jentzsch. [Hrsg. von Frank D. Karl]. - Bonn:
Dietz, 1995
(Politik im Taschenbuch; Bd. 13)

ISBN 3-8012-0228-3
NE: GT

Lieferbare Bücher in der Reihe:
Politik im Taschenbuch

Band 2
Dieter Dowe/Kurt Klotzbach (Hg.)
Programmatische Dokumente der deutschen Sozialdemokratie
ISBN 3-8012-0100-7

Band 3
Waldemar Besson/Gotthard Jasper
Das Leitbild der modernen Demokratie
Bausteine einer freiheitlichen Staatsordnung
ISBN 3-8012-0163-5

Band 4
Wolfgang Gisevius
Leitfaden durch die Kommunalpolitik
ISBN 3-8012-0164-3

Band 7
Gine Elsner
Risiko Nachtarbeit
ISBN 3-8012-0191-0

Band 8
Hans Matthöfer
Agenda 2000
Vorschläge zur Wirtschafts- und Gesellschaftspolitik
ISBN 3-8012-0193-7

Band 9
Rolf Böhme
Je mehr wir haben, desto mehr haben wir zu wenig
Bemerkungen aus dem politischen Alltag
ISBN 3-8012-0199-6

Band 10
Jochem Langkau/Hans Matthöfer/Michael Schneider (Hg.)
SPD und Gewerkschaften
Band 1: Zur Geschichte eines Bündnisses
ISBN 3-8012-0216-X

Band 11
Jochem Langkau/Hans Matthöfer/Michael Schneider (Hg.)
SPD und Gewerkschaften
Band 2: Ein notwendiges Bündnis
ISBN 3-8012-0217-8

Band 12
Michael Schneider
Walter Hesselbach
Bankier und Unternehmen
ISBN 3-8012-0220-8

Band 13
Klaus Jentzsch
Rhetorik
ISBN 3-8012-0228-3

Band 14
Manfred Haack
Bundeshauptstadt Berlin
Politisch-historischer Stadtführer
ISBN 3-8012-0227-5